# So verkauft sie auf ETSY für ANFÄNGER 2024

### Ein Umfassender Leitfaden Für Anfänger-Verkäufer

## VON KYLA MORRISON

# SO VERKAUFEN SIE AUF ETSY FÜR ANFÄNGER 2024

## Copyright © 2024 von KYLA MORRISON

Alle Rechte vorbehalten. Kein Teil dieser Veröffentlichung darf ohne die vorherige schriftliche Genehmigung des Herausgebers in irgendeiner Form oder mit irgendwelchen Mitteln, einschließlich Fotokopie, Aufzeichnung oder anderen elektronischen oder mechanischen Methoden, reproduziert, verbreitet oder übertragen werden, außer im Falle kurzer Zitate in kritischen Rezensionen und bestimmten anderen nichtkommerziellen Nutzungen, die durch das Urheberrecht zulässig sind.

# SO VERKAUFEN SIE AUF ETSY FÜR ANFÄNGER 2024

## Inhalt

**EINFÜHRUNG** ........................................................................... 9
    **WAS IST ETSY?** ................................................................ 11
    **WARUM AUF ETSY VERKAUFEN?** ............................... 13
    Ist ETSY das Richtige für Sie? ........................................... 18
    **EIGENSCHAFTEN VON ETSY** ........................................ 21
    **KOSTENÜBERLEGUNGEN:** ............................................ 23
**TEIL I** ........................................................................................ 24
**ERSTE SCHRITTE AUF ETSY** ............................................... 24
    **ERSTELLEN EINES ETSY-KONTOS** ............................. 24
    Vervollständigung Ihres Shop-Profils ............................... 32
    **DIE RICHTLINIEN VON ETSY VERSTEHEN** ............... 36
**NAVIGIEREN AUF DER ETSY-PLATTFORM** .................... 39
    **ERKUNDEN SIE DAS VERKÄUFER-DASHBOARD** ... 39
    **EINEN KUNDEN FÜR DIE SUCHFUNKTIONEN VON ETSY GEWINNEN** ............................................................ 41
    **NUTZUNG DER COMMUNITY- UND SUPPORT-RESSOURCEN AUF ETSY** ............................................... 43
**TEIL II** ..................................................................................... 47
**Bereiten Sie Ihren Shop auf den Erfolg vor** ........................ 47
    Durchführung von Marktforschung ................................. 47
**ÜBERZEUGENDE PRODUKTLISTEN ERSTELLEN** ........ 51
    Wirksame Produkttitel schreiben ..................................... 51
    **BILDRECORDER FÜR HOCHWERTIGE PRODUKTE** ................................................................................................ 60
    **OPTIMIERUNG VON PRODUKT-TAGS UND -ATTRIBUTEN** .................................................................... 65
**STRATEGISCHE PREISE FÜR IHRE PRODUKTE** ......... 69

# SO VERKAUFEN SIE AUF ETSY FÜR ANFÄNGER 2024

SCHÄTZUNG IHRER KOSTEN UND AUSGABEN ...... 69

PREISMANAGEMENT-STRATEGIEN FÜR EINEN WETTBEWERBSVORTEIL .................................................. 79

DIE PREISFORMEL ................................................................. 83

DIE BEDEUTUNG DER EINZEL- UND GROSSHANDELSPREISE ........................................................ 86

TEIL III ........................................................................................ 88

MAXIMIEREN SIE DIE SICHTBARKEIT IHRES ETSY-SHOPS .......................................................................................... 88

SO VERWENDEN SIE DIE ETSY-SUCHE ................... 88

SO VERBESSERN SIE DIE SICHTBARKEIT IHRES SHOPS ..................................................................................... 90

OPTIMIERUNG DER ANGEBOTBESCHREIBUNGEN AUF ETSY ................................................................................ 94

AUFTRÄGE ERFÜLLEN UND AUSSERGEWÖHNLICHEN KUNDENSERVICE BIETEN ........................................................................................................ 116

Spät bestellt ......................................................................... 120

Reaktion auf beschädigte Ware ........................................ 121

Den falschen Artikel bereitgestellt .................................. 122

Aktualisierte Antwort zur Lieferadresse ....................... 122

Vielen Dank an Kunden für ihr Feedback ..................... 123

EFFEKTIVE TIPPS FÜR DIE KUNDENKOMMUNIKATION ....................................................... 125

STRATEGIEN FÜR DAS WACHSTUM IHRES UNTERNEHMENS AUF ETSY. ..................................... 127

GLOSSAR DER SCHLÜSSELBEGRIFFE ....................... 134

# SO VERKAUFEN SIE AUF ETSY FÜR ANFÄNGER 2024

## EINFÜHRUNG

### Begeben Sie sich auf das Etsy-Abenteuer: Entdecken Sie Erfolgsgeheimnisse

Willkommen im faszinierenden Universum von Etsy, einem Bereich, in dem Unternehmertum und künstlerischer Ausdruck zusammenfließen. Ganz gleich, ob Sie ein aufstrebender Geschäftsmann sind, der sich gerne auf den komplizierten Pfaden des Online-Handels zurechtfindet, oder ein leidenschaftlicher Kunsthandwerker, der bereit ist, Ihre Kreationen zu präsentieren, dieser Leitfaden „So verkaufen Sie auf Etsy für Anfänger 2024 – Enthüllung von Etsys Geheimnissen für Anfängerverkäufer" ist Ihr Einstieg in eine Welt voller Möglichkeiten.

Ich bin Ihre Reiseführerin, Olivia Rivers, eine erfahrene Autorin und ein engagiertes Mitglied der Etsy-Community. Während wir die Seiten dieses Buches durchblättern, teile ich meine Reise, Erkenntnisse und Strategien, um Sie auf Ihrer Etsy-Expedition zu unterstützen. Aber zunächst möchte ich mich vorstellen. Ich bin Olivia Rivers, eine Autorin, die tief in die Etsy-Community vertieft ist, deren Geheimnisse aufdeckt und den Schlüssel zum Erfolg in diesem dynamischen Umfeld entdeckt.

### Die Reise beginnt: Eine persönliche Geschichte

Meine Reise mit Etsy begann als bescheidener Versuch, meine handgefertigten Artikel mit Gleichgesinnten zu teilen. Ich wusste nicht, dass sich aus diesem bescheidenen Unterfangen ein erfolgreiches Unterfangen entwickeln würde, das nicht nur ein verlässliches Einkommen, sondern auch ein tiefes Gefühl der Erfüllung beschert. Auf dem Weg bin ich auf Herausforderungen gestoßen, habe Fehler gemacht und wertvolle Lektionen gesammelt, die die Grundlage dieses Leitfadens bilden.

# SO VERKAUFEN SIE AUF ETSY FÜR ANFÄNGER 2024

Während wir uns gemeinsam auf diese Reise begeben, besteht das Ziel nicht darin, bei den Schwierigkeiten zu verweilen, sondern Sie mit Wissen und Techniken auszustatten, um Ihre eigene Erfolgsgeschichte zu schreiben. Etsy ist mehr als nur ein Marktplatz; Es ist eine blühende Gemeinschaft von Menschen, die handgefertigte und einzigartige Produkte schätzen. Erfolg auf Etsy sollte sich wie eine personalisierte Reise anfühlen, die Ihre unverwechselbare Persönlichkeit in Ihren Shop einbringt, um eine Marke aufzubauen, die bei Ihrem Publikum Anklang findet.

## Die Essenz von Etsy enthüllt

Dieser Leitfaden „Etsy Unveiled: Ein Leitfaden für Anfänger zum erfolgreichen Verkaufen" ist eine Fundgrube an Informationen, Vorschlägen und praktischen Ratschlägen, die Ihr Etsy-Erlebnis verbessern sollen. Von den Feinheiten der Einrichtung Ihres Shops und dem Verständnis der Etsy-Richtlinien bis hin zur Erstellung überzeugender Produkteinträge und der effektiven Vermarktung Ihrer Kreationen ist jedes Kapitel ein Schritt zur Entfaltung Ihres vollen Potenzials auf Etsy.

„Etsy Unveiled" zeichnet sich dadurch aus, dass es den Enthusiasmus und die Leidenschaft bewahrt, die Sie zu Etsy geführt haben. Der Verkauf hier sollte eine Reise sein, die Ihre einzigartige Persönlichkeit widerspiegelt, ein Prozess, der sich eher wie ein kreatives Unterfangen anfühlt als wie eine gesichtslose Geschäftstransaktion. Sie müssen kein Marketing-Genie oder Technik-Experte sein, um auf Etsy erfolgreich zu sein. Dieser Leitfaden soll die Komplexität vereinfachen und Etsy zu einer zugänglichen und unterhaltsamen Plattform für Verkäufer aller Hintergründe machen.

## Die Enthüllung: Erfahrungen verschmelzen

Jede Erfolgsgeschichte beginnt mit einem einzigen Schritt, und wenn Sie sich in die Seiten dieses Leitfadens vertiefen, gewinnen Sie das nötige Selbstvertrauen und Wissen, um sich mit den Feinheiten von Etsy zurechtzufinden. Egal, ob Sie ein

# SO VERKAUFEN SIE AUF ETSY FÜR ANFÄNGER 2024

angehender Unternehmer, ein aufstrebender Künstler oder einfach nur eine neugierige Seele auf der Suche nach Inspiration sind, „Etsy Unveiled" wird Ihr treuer Freund sein und Ihnen Rat, Unterstützung und einen Fahrplan zur Verwirklichung Ihrer Etsy-Ambitionen bieten.

Lassen Sie uns also gemeinsam auf dieses Abenteuer eingehen, bei dem die Bereiche Kunst und Wirtschaft zusammenwachsen und Träume zum Leben erweckt werden. Blättern Sie um, erkunden Sie den farbenfrohen Etsy-Marktplatz und lassen Sie sich verzaubern, lieber Leser! Auf Ihren Erfolg als Verkäufer auf Etsy, wo die Möglichkeiten endlos sind und Möglichkeiten auf Ihre kreative Note warten.!

## WAS IST ETSY?

Willkommen im bezaubernden Reich von Etsy, einem digitalen Marktplatz, der vor Kreativität pulsiert und eine Schatzkammer einzigartiger Wunder bietet. Ganz gleich, ob Sie ein Kunsthandwerker, ein Liebhaber des Kunsthandwerks, ein Sammler oder einfach jemand mit einer Vorliebe für handgefertigte und Vintage-Artikel sind, Etsy lockt mit einem unvergleichlichen Einkaufserlebnis.

**Enthüllung der Ursprünge von Etsy:** Etsy wurde 2005 gegründet und ist nicht nur eine E-Commerce-Plattform; Es handelt sich um eine lebendige Community, die erfahrene Kreative mit einem globalen Publikum anspruchsvoller Käufer verbindet. Als Idee von Rob Kalin, Chris Maguire und Haim Schoppik entwickelte sich Etsy zu einem Zufluchtsort für unabhängige Künstler und Kunsthandwerker und bot ihnen eine virtuelle Bühne, auf der sie ihre exquisiten Kreationen präsentieren und verkaufen konnten.

# SO VERKAUFEN SIE AUF ETSY FÜR ANFÄNGER 2024

**Ein Marktplatz, der in Handwerkskunst verwurzelt ist:** Etsys Wurzeln liegen in einer Vision, die den Wert handgefertigter und Vintage-Waren schätzt. Es wurde als ein Ort konzipiert, an dem Künstler direkt mit Käufern in Kontakt treten und nicht nur Produkte, sondern auch die einzigartigen Geschichten dahinter teilen können. Heute ist Etsy ein Beweis für den Traum der Gründer: ein geschäftiges Zentrum, in dem der Kreativität keine Grenzen gesetzt sind.

**Entdecken Sie Etsys vielfältigen Marktplatz:** Etsy ist nicht nur ein Online-Shop; Es ist eine immersive Erfahrung. Die Plattform umfasst eine Vielzahl von Kategorien und umfasst handgefertigten Schmuck, Kleidung, Wohndekoration und Vintage-Fundstücke, die Charme und Nostalgie hervorrufen. Jeder aufgeführte Gegenstand erzählt eine Geschichte, ein Beweis für die Leidenschaft und das Können seines Schöpfers.

**Die Kunst, einen Etsy-Shop zu eröffnen:** Für Kunsthandwerker und Bastler ist der Beitritt zu Etsy ein nahtloser Prozess. Detaillierte Produktlisten, geschmückt mit faszinierenden Fotos und Preisangaben, ermöglichen es Verkäufern, ihre Kreationen sorgfältig zu präsentieren. Verkäufer können ihre Shops personalisieren und sie so zu einem Spiegelbild ihrer Marke und Persönlichkeit machen.

**Ein Einkaufsparadies:** Auf Käuferseite bietet Etsy ein intuitives und bereicherndes Such- und Stöbernerlebnis. Mit Filtern, Kategorien und Schlüsselwörtern navigieren Käufer durch eine Schatzkammer einzigartiger Artikel und entdecken Stücke, die ihren individuellen Geschmack und Vorlieben widerspiegeln.

**Gemeinschaft, Nachhaltigkeit und soziale Verantwortung:** Über den Handel hinaus floriert Etsy als Gemeinschaft. Verkäufer, Käufer und Unterstützer kommen zusammen und bilden ein unterstützendes Netzwerk. Foren, Teams und Veranstaltungen erleichtern den Kontakt zwischen Verkäufern und fördern den Wissensaustausch und die Inspiration. Etsys

# SO VERKAUFEN SIE AUF ETSY FÜR ANFÄNGER 2024

Engagement für Nachhaltigkeit fördert umweltfreundliche Praktiken bei Verkäufern und fördert verantwortungsvolle Verpackungen und Materialien.

**Sich mit der Zeit weiterentwickeln:** Während Etsy wuchs, hat es sich an die Bedürfnisse seiner Community angepasst. Funktionen wie Etsy Studio und Etsy Wholesale haben den Umfang der Plattform erweitert. Etsy Plus, ein Abonnementdienst, bietet Verkäufern zusätzliche Vorteile. Etsy nutzt die Technologie und bietet eine benutzerfreundliche App, die die Zugänglichkeit und den Komfort des Marktplatzes verbessert.

**Abschließend:** Etsy ist nicht nur ein Marktplatz; Es ist eine dynamische und integrative Gemeinschaft, die Kreativität, Handwerkskunst und Individualität feiert. Es ist ein Beweis für die Vernetzung von Künstlern, Machern und Käufern weltweit, fördert das Gemeinschaftsgefühl und stärkt unabhängige Unternehmen. Tauchen Sie ein in die bezaubernde Welt von Etsy, in der jeder Einkauf zu einer Entdeckungsreise wird und talentierte Schöpfer und ihre künstlerischen Visionen unterstützt werden.

## WARUM AUF ETSY VERKAUFEN?

Sind Sie eine kreative Seele mit einer Vorliebe für die Herstellung einzigartiger und handgemachter Wunder? Dann ist Etsy für Sie die ideale Bühne, um Ihre Talente zu präsentieren und Ihre Leidenschaft in ein florierendes Unternehmen zu verwandeln. Lassen Sie uns die überzeugenden Gründe untersuchen, warum der Einstieg in die Welt von Etsy eine außergewöhnliche Chance für Kunsthandwerker, Bastler und Schöpfer wie Sie sein kann.

**Globales Potenzial erschließen:** Eines der verlockendsten Merkmale von Etsy ist seine globale Reichweite und eine engagierte Käufergemeinschaft. Indem Sie Ihre Präsenz auf Etsy

# SO VERKAUFEN SIE AUF ETSY FÜR ANFÄNGER 2024

etablieren, öffnen Sie die Tür zu Millionen potenzieller Kunden auf der ganzen Welt. Dabei handelt es sich um Personen, die nicht nur Wert auf handgefertigte Artikel legen, sondern auch aktiv auf der Suche nach einzigartigen Produkten sind. Durch den Verkauf auf Etsy können Sie mit einer Käufergemeinschaft in Kontakt treten, die Ihre Leidenschaft für die Unterstützung unabhängiger Unternehmen teilt und die Handwerkskunst hinter jeder Kreation schätzt.

**Nahtlose Einrichtung und Verwaltung:** Dank der benutzerfreundlichen Benutzeroberfläche und der intuitiven Verkaufstools ist das Einrichten eines Shops auf Etsy ein Kinderspiel. Vom Hochladen hochwertiger Produktfotos und der Erstellung detaillierter Beschreibungen bis hin zur Verwaltung des Lagerbestands und der Festlegung von Preisen bietet Etsy ein nahtloses und problemloses Verkaufserlebnis. Zu den Funktionen der Plattform gehören praktische Optionen für Versand, Auftragsverfolgung und Kundenkommunikation, die sowohl für Verkäufer als auch für Käufer einen reibungslosen Ablauf gewährleisten.

**Markenanpassung:** Etsy ist sich der Bedeutung von Branding bewusst und bietet die Flexibilität, Ihren Shop individuell anzupassen, damit er Ihren einzigartigen Stil und Ihre Identität widerspiegelt. Von optisch auffälligen Shop-Bannern und Logos bis hin zu fesselnden Produktfotos – Etsy ermöglicht Ihnen, ein zusammenhängendes und professionelles Markenimage aufzubauen. Dieses Maß an Individualisierung ermöglicht es Ihnen, Ihrer Kreativität freien Lauf zu lassen und ein umfassendes Einkaufserlebnis zu schaffen, das bei Ihrer Zielgruppe Anklang findet.

**Community-Unterstützung und Zusammenarbeit:** Der Beitritt zu Etsy bedeutet nicht nur, Zugang zu einem globalen Marktplatz zu erhalten, sondern auch, Teil einer lebendigen und unterstützenden Community zu werden. Über Foren, Teams und Veranstaltungen können Sie mit anderen YouTubern in Kontakt treten, Rat einholen und Inspiration finden. Die Etsy-Community

## SO VERKAUFEN SIE AUF ETSY FÜR ANFÄNGER 2024

ist für ihre Kameradschaft, Zusammenarbeit und ihren Unternehmergeist bekannt. Als Teil dieser Community können Sie von erfahrenen Verkäufern lernen, Ihre eigenen Erfahrungen teilen und wertvolle Erkenntnisse gewinnen, um Ihr Geschäft zu verbessern.

**Bildungsförderung:** Über die Community-Unterstützung hinaus bietet Etsy umfangreiche Bildungsressourcen, die Sie auf Ihrem Weg zum Erfolg unterstützen. Egal, ob Sie Marketingtipps, Anleitungen zu SEO-Strategien oder Ratschläge zur Verbesserung Ihrer Produkteinträge suchen, das Verkäuferhandbuch und die Tutorials von Etsy sind genau das Richtige für Sie. Etsy vermittelt Ihnen das Wissen und die Fähigkeiten, die Sie benötigen, um Ihre Sichtbarkeit zu verbessern, Kunden zu gewinnen und Ihre Angebote zu optimieren.

**Flexibilität und Kontrolle:** Der Verkauf auf Etsy bietet Ihnen die Flexibilität und Kontrolle, Ihr Unternehmen nach Ihren Vorstellungen zu führen. Sie haben die Freiheit, Ihre Preise festzulegen, Versandrichtlinien festzulegen und die Produkte auszuwählen, die Sie verkaufen möchten. Etsy ist sich darüber im Klaren, dass der kreative Prozess von Freiheit lebt und es Ihnen ermöglicht, basierend auf Markttrends und Kundenpräferenzen zu experimentieren, Innovationen zu entwickeln und Ihre Angebote weiterzuentwickeln. Dieses Maß an Kontrolle ermöglicht es Ihnen, Ihre künstlerische Integrität zu wahren, Ihrer Leidenschaft nachzugehen und gleichzeitig ein nachhaltiges Unternehmen aufzubauen.

**Vertrauen und Glaubwürdigkeit:** Die Zugehörigkeit zu Etsy verleiht Ihrer Marke eine zusätzliche Ebene des Vertrauens und der Glaubwürdigkeit. Der Ruf von Etsy als seriöser Online-Marktplatz weckt bei Käufern Vertrauen. Die Plattform hat sich als vertrauenswürdige Anlaufstelle für handgefertigte und Vintage-Artikel etabliert, wobei Qualität und Kundenzufriedenheit im Vordergrund stehen. Auf Etsy zu verkaufen bedeutet, vom Vertrauen zu profitieren, das der Marke

# SO VERKAUFEN SIE AUF ETSY FÜR ANFÄNGER 2024

Etsy entgegengebracht wird, was möglicherweise zu höheren Umsätzen und Stammkunden führt.

**Marketing- und Werbemöglichkeiten:** Während Etsy über einen integrierten Kundenstamm verfügt, haben Sie auch die Möglichkeit, die Marketing- und Werbetools von Etsy zu nutzen, um Ihre Sichtbarkeit zu verbessern. Mit beworbenen Einträgen können Sie beispielsweise Ihre Produkte ganz oben in den Suchergebnissen präsentieren und so ein breiteres Publikum erreichen. Etsy organisiert saisonale Verkaufsveranstaltungen, Kooperationen und kuratierte Kollektionen und bietet so zusätzliche Möglichkeiten, Bekanntheit zu erlangen und neue Kunden zu gewinnen.

Zusammenfassend lässt sich sagen, dass es beim Verkaufen auf Etsy nicht nur um den Handel geht; Es ist ein ganzheitliches Erlebnis für Kunsthandwerker, Handwerker und Schöpfer. Mit seinem globalen Publikum, benutzerfreundlichen Tools, Anpassungsoptionen und einer unterstützenden Community ermöglicht Etsy Ihnen, Ihre Produkte zu präsentieren, Ihre Marke aufzubauen und mit gleichgesinnten YouTubern in Kontakt zu treten.

Wenn du Etsy beitrittst, wirst du Teil einer lebendigen Gemeinschaft von Kunsthandwerkern, Handwerkern und Verkäufern, die den Weg des Schaffens verstehen und schätzen. Die Foren, Teams und Veranstaltungen auf Etsy bieten unschätzbare Möglichkeiten, sich zu vernetzen, zusammenzuarbeiten und von anderen in der Community zu lernen. Die Unterstützung und Kameradschaft, die Sie auf Etsy finden, können eine Quelle der Inspiration, Motivation und des Wachstums für Ihr Unternehmen sein.

Die Bildungsressourcen von Etsy, wie das Verkäuferhandbuch und Tutorials, vermitteln Ihnen das Wissen und die Fähigkeiten, die Sie für den Erfolg auf dem Online-Marktplatz benötigen. Unabhängig davon, ob Sie ein erfahrener Verkäufer sind oder gerade erst anfangen, finden Sie hier Anleitungen zu

## SO VERKAUFEN SIE AUF ETSY FÜR ANFÄNGER 2024

verschiedenen Themen, darunter Marketingstrategien, Suchmaschinenoptimierung (SEO) und Tipps zur Verbesserung Ihrer Produkteinträge. Etsy ermöglicht es Ihnen, Ihre Geschäftspraktiken kontinuierlich zu verfeinern und zu verbessern.

Als Etsy-Verkäufer haben Sie die Flexibilität und Kontrolle, Ihr Unternehmen nach Ihren Vorstellungen zu gestalten. Sie können Ihre eigenen Preise festlegen, die Produkte auswählen, die Sie verkaufen möchten, und Ihre einzigartige Markenidentität etablieren. Diese Freiheit ermöglicht es Ihnen, Ihrer künstlerischen Integrität treu zu bleiben und Ihrer Leidenschaft nachzugehen und gleichzeitig ein nachhaltiges Unternehmen aufzubauen, das Ihren Werten entspricht.

Der Ruf von Etsy als vertrauenswürdiger und seriöser Marktplatz verleiht Ihrer Marke Glaubwürdigkeit. Käufer kommen zu Etsy mit der Erwartung, hochwertige, handgefertigte und Vintage-Produkte zu finden. Durch den Verkauf auf Etsy nutzen Sie dieses Vertrauen und diese Glaubwürdigkeit, wodurch es einfacher wird, Kunden zu gewinnen und langfristige Beziehungen aufzubauen. Der Schwerpunkt der Plattform auf Kundenzufriedenheit und Qualitätssicherung stärkt das Vertrauen des Käufers beim Kauf in Ihrem Shop zusätzlich.

Darüber hinaus bietet Etsy Marketing- und Werbemöglichkeiten, die Ihnen dabei helfen, Ihre Sichtbarkeit zu erhöhen und ein breiteres Publikum zu erreichen. Mit beworbenen Einträgen können Sie Ihre Produkte an prominenter Stelle in den Suchergebnissen präsentieren und so Ihre Chancen erhöhen, von potenziellen Käufern entdeckt zu werden. Die saisonalen Verkaufsveranstaltungen, Kooperationen und kuratierten Kollektionen von Etsy bieten zusätzliche Möglichkeiten, Bekanntheit zu erlangen und neue Kunden für Ihren Shop zu gewinnen.

Zusammenfassend lässt sich sagen, dass der Verkauf auf Etsy eine Fülle von Vorteilen für Kunsthandwerker, Bastler und

# SO VERKAUFEN SIE AUF ETSY FÜR ANFÄNGER 2024

Kreative bietet. Es bietet Zugang zu einem globalen Publikum, benutzerfreundliche Tools, Anpassungsoptionen,

## Ist ETSY das Richtige für Sie?

Denken Sie darüber nach, Ihre handgefertigten, Vintage- oder kreativen Waren auf Etsy zu präsentieren? Bevor Sie den Schritt wagen, stellen Sie sicher, dass Etsy zu Ihrem kreativen Unternehmen passt, indem Sie verschiedene Faktoren bewerten. Um eine fundierte Entscheidung zu treffen, die Ihren Zielen und Bestrebungen entspricht, müssen Sie sich mit diesen Überlegungen befassen. Lassen Sie uns diese Elemente genauer untersuchen.

**1. Ziele und Ausrichtung:** Überlegen Sie, welche Ziele Sie verfolgen und was Sie mit dem Verkauf auf Etsy erreichen möchten. Wenn Sie eine Plattform suchen, die sich auf handgefertigte und originelle Waren spezialisiert hat, kann der Schwerpunkt von Etsy auf handgefertigten, antiken und kunsthandwerklichen Artikeln ein erheblicher Vorteil sein. Es zieht Kunden an, die aktiv nach einzigartigen Produkten suchen und gut zu Ihrer Zielgruppe passen.

**2. E-Commerce-Vorbereitung:** Bewerten Sie Ihren E-Commerce-Bereitschaftsgrad. Der Verkauf auf Etsy erfordert Vertrautheit mit Online-Geschäftsabläufen, einschließlich Bestandsverwaltung, Versandlogistik, überzeugendem Verfassen von Beschreibungen und Produktfotografie. Während Etsy zugängliche Tools und Informationen anbietet, sollten Sie Ihre Bereitschaft beurteilen, die nötige Zeit und Mühe zu investieren, um E-Commerce-Standards zu verstehen und sich daran anzupassen.

**3. Branding und Einzigartigkeit:** Bedenken Sie die Bedeutung von Branding und Einzigartigkeit. Mit den Anpassungsoptionen

# SO VERKAUFEN SIE AUF ETSY FÜR ANFÄNGER 2024

von Etsy können Sie durch auffällige Store-Banner, Logos und Produktbilder eine unverwechselbare Markenidentität schaffen. Beurteilen Sie, ob die Grundlage und die Anpassungsmöglichkeiten von Etsy Ihren spezifischen Branding-Anforderungen entsprechen. Wenn Sie mehr Designflexibilität benötigen, ziehen Sie andere Plattformen in Betracht oder erstellen Sie Ihre E-Commerce-Website.

**4. Zielgruppe und Kundenpersönlichkeit:** Verstehen Sie Ihre Zielgruppe und Kundenpersönlichkeit. Die Etsy-Community schätzt handgefertigte, antike und unverwechselbare Artikel. Wenn Ihre Waren in diesen Markt passen, stellt Etsy einen fertigen Kundenstamm bereit. Wenn sich Ihr Zielmarkt jedoch unterscheidet, kann es sich lohnen, alternative Plattformen oder Marketingwege zu erkunden.

**5. Wettbewerb und Differenzierung:** Erkennen Sie potenzielle Konkurrenz auf Etsy an, insbesondere in beliebten Kategorien. Bewerten Sie Ihren Wettbewerbsvorteil, indem Sie die Einzigartigkeit Ihrer Produkte, das ästhetische Empfinden, die Kundendienstphilosophie und andere Unterscheidungsmerkmale berücksichtigen. Die Identifizierung Ihrer Alleinstellungsmerkmale kann Ihnen dabei helfen, eine Nische zu erobern und sich von der Konkurrenz abzuheben.

**6. Engagement und Arbeit:** Erkennen Sie das Engagement und den Aufwand, den der Verkauf auf Etsy erfordert. Bewerten Sie Ihre Bereitschaft und Ihr Engagement, Ihr Geschäft zu verwalten, Bestellungen abzuwickeln, Kundenservice zu bieten und Ihre Angebote regelmäßig zu aktualisieren. Es ist von entscheidender Bedeutung, realistisch einzuschätzen, wie viel Zeit und Ressourcen Sie für Ihr Etsy-Geschäft aufwenden können, insbesondere wenn Sie nur über begrenzte Ressourcen verfügen oder eine eher passive Einnahmequelle bevorzugen.

**7. Langfristige Wachstumsziele:** Denken Sie über Ihre langfristigen Wachstumsziele nach. Während Etsy für viele Verkäufer ein hervorragender Ausgangspunkt ist, sollten Sie prüfen, ob es mit Ihren langfristigen Zielen übereinstimmt. Wenn Sie beabsichtigen, Ihr Geschäft über Etsy hinaus zu erweitern, in den Großhandelsmarkt einzusteigen oder einen unabhängigen Online-Shop zu gründen, ist möglicherweise die Erkundung alternativer Kanäle oder Plattformen erforderlich.

**8. Kostenüberlegungen:** Analysieren Sie die Auswirkungen des kostenpflichtigen Geschäftsmodells von Etsy auf die Kosten. Transaktionsgebühren für Verkäufe, Gebühren für die Listung von Produkten und optionale Werbegebühren tragen zu den Gesamtkosten bei. Überlegen Sie, wie sich diese Kosten auf Ihre Preisstrategie und die Gesamtrentabilität auswirken. Bewerten Sie, ob die Präsenz und die potenziellen Verkäufe auf Etsy die damit verbundenen Kosten rechtfertigen.

**9. Persönliche Erfüllung:** Betrachten Sie Ihre Erfüllung und Ihr Glück als kreativer Unternehmer. Das unterstützende Umfeld und die Community auf Etsy sowie die Zufriedenheit, mit Kunden in Kontakt zu treten, die Ihre Arbeit schätzen, können sich lohnen. Wenn die Idee, eine Marke aufzubauen, mit Gleichgesinnten in Kontakt zu treten und zu einer blühenden kreativen Community beizutragen, bei Ihnen Anklang findet, ist Etsy möglicherweise die ideale Plattform, um Ihrer Leidenschaft nachzugehen.

Zusammenfassend lässt sich sagen, dass die Entscheidung, ob Etsy die perfekte Plattform für Sie ist, eine sorgfältige Bewertung Ihrer Ziele, Ihrer E-Commerce-Bereitschaft, Ihrer Zielmarktausrichtung, Ihrer Wettbewerbsfähigkeit, Ihres Zeitaufwands, Ihrer langfristigen Wachstumspläne, Ihrer Kostenüberlegungen und Ihrer persönlichen Erfüllung erfordert. Durch Abwägen dieser Kriterien können Sie eine Wahl treffen, die Ihrer Vision für Ihr kreatives Unternehmen entspricht. Entscheiden Sie sich unter den vielen verfügbaren Plattformen oder Kanälen immer für die Plattform oder den Kanal, der Ihre spezifischen Ziele und Wünsche am besten unterstützt.

# SO VERKAUFEN SIE AUF ETSY FÜR ANFÄNGER 2024

## EIGENSCHAFTEN VON ETSY

Etsy, der florierende Online-Marktplatz, bietet Anbietern eine Fülle von Funktionen und eine Benutzeroberfläche, die zum Standard für Marktplatz-Websites geworden ist. Hier finden Sie einen detaillierten Überblick über die wichtigsten Funktionen und Vorteile, die Etsy seinen Verkäufern bietet:

**1. Maßgeschneiderte Storefront:** Etsy stellt jedem Anbieter auf seiner Website eine personalisierte Storefront zur Verfügung. Dieser Raum ermöglicht es Verkäufern, ihre handgefertigten, Vintage- oder Lieferartikel auf optisch ansprechende und einzigartige Weise zu präsentieren.

**2. Profil- und About-Seite:** Verkäufer haben die Möglichkeit, eine Profilseite zu erstellen, auf der sie ihre Lebensgeschichte teilen können, sowie eine About-Seite, um ihre Geschichte weiter zu vertiefen und potenziellen Kunden ein authentisches Bild ihres Unternehmens zu präsentieren.

**3. Umfangreiche Suchfunktion:** Etsy verfügt über eine umfassende Suchfunktion, die Ihre Artikel einbezieht und es potenziellen Kunden erleichtert, Ihre Produkte auf dem riesigen Marktplatz zu entdecken.

**4. Artikellisten:** Verkäufer können gegen eine Gebühr pro Artikeleintrag Artikel zu ihrem Shop hinzufügen. Jedes Produkt kann bis zu fünf unterschiedliche Bilder und eine detaillierte Beschreibung enthalten, wodurch die Sichtbarkeit und Attraktivität der Angebote erhöht wird.

**5. Warenkorbplattform:** Etsy bietet eine robuste Warenkorbplattform, die Verkäufer mit ihren persönlichen PayPal-Konten verbinden können, um den Bestellvorgang für Kunden zu optimieren.

**6. Social-Media-Integration:** Anbieter haben die Möglichkeit, ihre Etsy-Shops mit Top-Social-Media-Plattformen zu verknüpfen und so die Reichweite ihrer Produkte und Marke über den Etsy-Marktplatz hinaus zu vergrößern.

**7. Support-Ressourcen:** Etsy bietet eine Fülle von Support-Ressourcen, darunter Artikel, Video-Lektionen und vollständige Shop-Statistiken. Verkäufer können auf wertvolle Informationen zugreifen, um ihre Geschäftsabläufe und -strategien zu verbessern.

**8. Interessengruppen:** Etsy bietet Hunderte von spezifischen Interessengruppen, die von Händlern zur Zusammenarbeit und Inspiration eingerichtet wurden. Verkäufer können mit Gleichgesinnten in Kontakt treten und von einer unterstützenden Community profitieren.

**9. Workshops und Veranstaltungen:** Live-Workshops und Veranstaltungen, sowohl in Brooklyn als auch weltweit, bieten Verkäufern zusätzliche Möglichkeiten, sich zu informieren, Kontakte zu knüpfen und über Branchentrends auf dem Laufenden zu bleiben.

### Interaktive Funktionen:

**1. Private Kommunikation:** Etsy ermöglicht die private Kommunikation mit jedem Benutzer auf der Plattform und fördert so Verbindungen zwischen Fans, Käufern und anderen Verkäufern.

**2. Favoriten und Netzwerke:** Verkäufer können eine Liste ihrer Lieblingsprodukte und -shops erstellen sowie ihr eigenes Netzwerk von Etsy-Kunden und -Händlern aufbauen und so gemeinsame Interessen und Zusammenarbeit erleichtern.

**3. Finanzsystem:** Das Treasury-System von Etsy fördert die Erstellung und gemeinsame Nutzung einzigartiger Objektsammlungen und ermutigt Verkäufer und Käufer, eine einzigartige Auswahl zu treffen.

# SO VERKAUFEN SIE AUF ETSY FÜR ANFÄNGER 2024

Zusatzfunktionen:

Etsy geht über diese grundlegenden Funktionen hinaus und bietet eine Reihe zusätzlicher Optionen wie eine Hochzeitsliste, Geschenkgutscheine, mobile Apps, Rabattgutscheine und mehr. Verkäufer können für eine minimale Investition auf unglaubliche Ressourcen und Wissen über den Verkauf zugreifen.

## KOSTENÜBERLEGUNGEN:

Um einen Etsy-Shop zu eröffnen, sind keine monatlichen Mitgliedsbeiträge erforderlich. Jeder Artikel ist für 20 Cent gelistet, gültig für vier Monate. Beim Verkauf eines Artikels behält Etsy 3,5 Prozent des Verkaufspreises ein. Die einzigen zusätzlichen Kosten sind optionale Werbung in den Suchtools von Etsy.

Bevor ein Unternehmen eröffnet wird, sollten Verkäufer die Kosten sorgfältig abwägen. Wenn ein Geschäft beispielsweise über einen Lagerbestand von 100 Artikeln verfügt, betragen die Kosten für die Auflistung oder Verlängerung mindestens 80 US-Dollar pro Jahr. Auch die Verkaufsgebühr von Etsy in Höhe von 3,5 Prozent sollte berücksichtigt werden. Während Etsy eine hervorragende Plattform für die Präsentation und den Verkauf einzigartiger Artikel bietet, sollten Verkäufer die damit verbundenen Gebühren im Auge behalten und diese in ihrer gesamten Geschäftsstrategie berücksichtigen. Das Vergütungssystem basiert auf Erfolg und stellt sicher, dass die Listungsgebühren die Hauptkosten darstellen, es sei denn, Artikel werden verkauft. Etsy unterstützt Verkäufer wirklich auf ihrem Weg, ihre Waren erfolgreich auf der Plattform zu verkaufen.

# SO VERKAUFEN SIE AUF ETSY FÜR ANFÄNGER 2024

## TEIL I
## ERSTE SCHRITTE AUF ETSY

## ERSTELLEN EINES ETSY-KONTOS

Wenn Sie sich auf den Weg machen, ein Online-Geschäft zu starten und mit einer großen Community potenzieller Kunden in Kontakt zu treten, beginnt der aufregende Schritt der Eröffnung eines Etsy-Kontos. Hier finden Sie eine umfassende Anleitung, die Ihnen bei der Navigation durch den Prozess hilft und einen reibungslosen Start Ihres Etsy-Shops gewährleistet.

**Schritt 1: Besuchen Sie die Etsy-Website**

Um den Vorgang zu starten, öffnen Sie Ihren bevorzugten Webbrowser und navigieren Sie zu www.etsy.com. Hier finden Sie alle Tools und Ressourcen, die Sie zum Einrichten Ihres Shops benötigen.

**Schritt 2: Klicken Sie auf „Anmelden" oder „Registrieren"**

Suchen Sie auf der Etsy-Hauptseite nach der Schaltfläche „Anmelden" oder „Registrieren", die sich normalerweise in der oberen rechten Ecke der Seite befindet. Wenn Sie neu bei Etsy sind, klicken Sie auf „Registrieren", um ein neues Konto zu erstellen.

**Schritt 3: Wählen Sie einen Anmeldevorgang aus**

Etsy bietet mehrere Registrierungsmethoden an. Sie können sich über Ihr Facebook- oder Google-Konto registrieren oder sich für die herkömmliche E-Mail-Registrierung entscheiden. Wählen Sie die Methode, die Ihren Vorlieben am besten entspricht.

# SO VERKAUFEN SIE AUF ETSY FÜR ANFÄNGER 2024

**Schritt 4: Erstellen Sie ein E-Mail-Konto**

Wenn Sie sich für die E-Mail-Registrierung entscheiden, geben Sie Ihre E-Mail-Adresse ein und erstellen Sie ein sicheres Passwort. Erhöhen Sie die Sicherheit Ihres Kontos, indem Sie eine Kombination aus Buchstaben, Zahlen und Sonderzeichen verwenden. Nachdem Sie Ihr Passwort erstellt haben, bestätigen Sie es, um fortzufahren.

**Schritt 5: Der Sicherheitscheck**

Als zusätzliche Sicherheitsmaßnahme fordert Etsy Sie möglicherweise auf, sich einer kurzen Sicherheitsüberprüfung zu unterziehen, um sicherzustellen, dass Sie kein Roboter sind. Dies kann das Auswählen eines Kontrollkästchens oder das Identifizieren bestimmter Bilder umfassen. Befolgen Sie einfach die bereitgestellten Anweisungen, um die Sicherheitsüberprüfung abzuschließen.

**Schritt 6: Bestätigen Sie Ihre E-Mail-Adresse**

Sobald die Sicherheitsüberprüfung erfolgreich abgeschlossen wurde, sendet Etsy eine Bestätigungs-E-Mail an die Adresse, die Sie während des Anmeldevorgangs angegeben haben. Um Ihr Etsy-Konto zu aktivieren, befolgen Sie die Schritte, die in der Bestätigungs-E-Mail beschrieben sind, die von Registration@etsy.com gesendet wurde. Klicken Sie auf den Bestätigungslink in der E-Mail. Durch diesen Schritt wird sichergestellt, dass die angegebene E-Mail-Adresse Ihnen gehört.

*Wenn Sie keine Etsy-Bestätigungs-E-Mail erhalten:*

- Überprüfen Sie Ihren Spam- oder Junk-Mail-Ordner, um sicherzustellen, dass die E-Mail nicht versehentlich dort kategorisiert wurde. Für Gmail-Benutzer sehen Sie sich die Abschnitte „Soziale Netzwerke" und „Werbung" an.

- Erwägen Sie, Registration@etsy.com zu Ihren E-Mail-Kontakten hinzuzufügen und versuchen Sie, die Bestätigungs-E-Mail erneut zu senden.

## SO VERKAUFEN SIE AUF ETSY FÜR ANFÄNGER 2024

Mit diesen Schritten wird Ihr Etsy-Konto aktiviert und der Bestätigungsprozess überprüft den Besitz Ihrer E-Mail-Adresse. Jetzt sind Sie bereit, in die aufregende Welt von Etsy einzutauchen und Ihren Online-Shop einzurichten. Nehmen Sie sich Zeit und zögern Sie nicht, die verschiedenen Funktionen und Möglichkeiten zu erkunden, die Etsy aufstrebenden Unternehmern wie Ihnen bietet. Die Reise zur Eröffnung Ihres Etsy-Shops hat gerade erst begonnen!

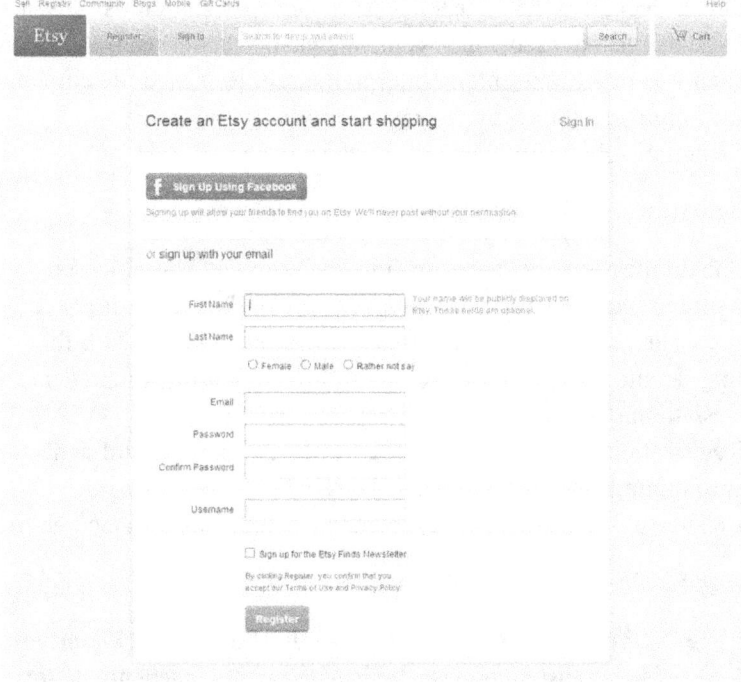

Der erste Schritt besteht darin, sich für ein Etsy-Konto anzumelden.

# SO VERKAUFEN SIE AUF ETSY FÜR ANFÄNGER 2024

**Schritt 7: Identifizieren Sie Ihren Shop**

Sobald Ihre E-Mail bestätigt wurde, werden Sie zur Etsy-Website weitergeleitet. An diesem Punkt ist es an der Zeit, einen Namen für Ihren Shop zu wählen. Wählen Sie einen Namen, der Ihr Unternehmen treffend repräsentiert und Ihre Zielgruppe anspricht. Beachten Sie, dass Etsy-Shop-Namen keine Leerzeichen enthalten dürfen und bis zu zwanzig Zeichen lang sein können. Machen Sie es einzigartig und unvergesslich.

Wenn Sie den Shop-Namensbildschirm überprüfen, stellen Sie möglicherweise fest, dass der gewünschte Name bereits vergeben ist. Werden Sie kreativ, wenn der gewünschte Name bereits vergeben ist. Erwägen Sie unterschiedliche Begriffe oder Namen für Ihren Shop. Machen Sie es eingängig und unvergesslich!

⚠ Wenn Ihr bevorzugter Shopname bereits verwendet wird, werden Sie kreativ und ziehen Sie alternative Begriffe oder Variationen in Betracht. Stellen Sie sicher, dass der Name zu Ihrer Marke passt, da Sie möglicherweise auch die entsprechende .com-Domain für die zukünftige Verwendung registrieren möchten. Überprüfen Sie die Verfügbarkeit von Domainnamen bei Registraren wie GoDaddy.com oder Register.com. Sobald Sie einen verfügbaren Namen für Ihren Etsy-Shop und Ihre .com-Domain gefunden haben, registrieren Sie ihn, um Ihre Online-Präsenz zu sichern.

**Schritt 8: Richten Sie Ihre Shop-Einstellungen ein**

Konfigurieren Sie Ihre Shop-Einstellungen, indem Sie die Sprache, das Land und die Währung auswählen, die am besten zu Ihrer Region und Zielgruppe passen. Mit diesen Auswahlmöglichkeiten können Sie Ihre Shop-Einstellungen anpassen und einen reibungslosen Kaufprozess für Sie und Ihre Kunden gewährleisten.

**Schritt 9: Passen Sie Ihren Shop an**

Hier können Sie Ihren Shop personalisieren, um ihn einzigartig zu machen. Fügen Sie ein Profilfoto oder Logo hinzu, das Ihre Marke visuell repräsentiert. Dabei kann es sich um ein Bild von Ihnen, das Logo Ihres Unternehmens oder eine Illustration handeln, die die Essenz Ihres Produkts widerspiegelt. Gestalten Sie außerdem eine warme und einladende Ladenankündigung, um Kunden willkommen zu heißen und ihnen Ihr Unternehmen vorzustellen.

**Schritt 10: Geben Sie Zahlungsinformationen an**

Um Zahlungen von Ihren Kunden zu akzeptieren, müssen Sie Ihre Zahlungsdaten eingeben. Etsy bietet je nach Standort verschiedene Zahlungsmethoden an, darunter PayPal oder Direkteinzahlung. Wählen Sie die Zahlungsmethode, die am besten zu Ihnen passt, und befolgen Sie die Anweisungen auf dem Bildschirm, um Ihr Zahlungskonto zu erstellen. Dies gewährleistet einen schnellen und sicheren Zahlungsvorgang für Sie und Ihre Kunden.

Es ist erwähnenswert, dass PayPal zwar häufig verwendet wird, in einigen Regionen jedoch keine direkte Verbindung zu Etsy besteht. Stellen Sie sicher, dass Sie Ihre Etsy-Gebühren pünktlich bezahlen, indem Sie auf der Registerkarte „Abrechnung" Ihre Kreditkarteninformationen hinzufügen. Möglicherweise müssen Sie eine monatliche Gebühr basierend auf Ihrer Shop-Aktivität genehmigen, um Etsy-Kosten zu decken.

**Schritt 11: Beginnen Sie mit der Auflistung Ihrer Produkte**

Sobald Ihr Etsy-Konto eingerichtet ist, können Sie mit der Auflistung Ihrer Produkte beginnen. Klicken Sie auf die Schaltfläche „Auf Etsy verkaufen" oder gehen Sie zu Ihrem

# SO VERKAUFEN SIE AUF ETSY FÜR ANFÄNGER 2024

Unternehmens-Dashboard, um den Listungsprozess zu starten. Nehmen Sie fesselnde Bilder Ihrer Produkte auf, die ihre einzigartigen Eigenschaften hervorheben. Verfassen Sie präzise und ansprechende Beschreibungen, in denen Sie die Vorteile Ihrer Produkte hervorheben. Berücksichtigen Sie bei der Festlegung der Preise Faktoren wie Produktionskosten, Marktwert und Ihre Zielgruppe.

*Hier ist ein Beispiel für die Auflistung einer handgefertigten Keramiktasse auf Etsy:*

- **Wer hat es gemacht?** Hergestellt von [Ihr Name]
- **Was ist es?** Handgefertigte Keramiktasse
- Wann hast du es geschafft? [Erstelldatum]
- **Variationen:** Erhältlich in den Glasuren Blau, Grün und Rot
- **Fotos**: [Fotos der Keramiktasse hochladen]
- **Artikeltitel**: Handgefertigte Keramiktasse mit blauer Glasur
- **Beschreibung**: Diese wunderschöne Keramiktasse ist mit Liebe handgefertigt und verfügt über eine atemberaubende blaue Glasur, die Ihrer Morgenroutine einen Hauch von Eleganz verleiht. Jede Tasse ist ein Unikat und somit das perfekte Geschenk für Sie selbst oder einen geliebten Menschen.
- **Shop-Bereich**: Haus und Wohnen > Küche und Esszimmer > Trinkgeschirr > Tassen
- **Empfänger**: Unisex
- **Gelegenheit**: Geburtstag, Einweihungsfeier, Jubiläum
- **Stil**: Rustikal, handgefertigt, handwerklich

# SO VERKAUFEN SIE AUF ETSY FÜR ANFÄNGER 2024

- **Stichworte:** Keramiktasse, Keramik, blaue Glasur, handgefertigt, Kaffeetasse, Teetasse, Küchendekor, einzigartiges Geschenk, Wohnaccessoire, Kunsthandwerker, Geschenk zur Wohnungserwärmung

- **Materialien**: Keramik

- **Preis**: 25,00 $

- **Menge**: 5 verfügbar

- **Versand**: Bearbeitungszeit: 1-3 Werktage, Versandkosten: 5,00 $ (US), 10,00 $ (International)

- **Vorschau des Angebots**: [Überprüfen und ggf. erforderliche Anpassungen vornehmen]

- **Als Entwurf speichern**: Klicken Sie hier, um Ihren Eintrag als Entwurf zu speichern.

Wenn Sie diese Schritte befolgen, sind Sie auf dem besten Weg, einen faszinierenden Etsy-Shop aufzubauen, der der Welt Ihre einzigartigen Kreationen präsentiert. Viel Spaß beim Eintragen!

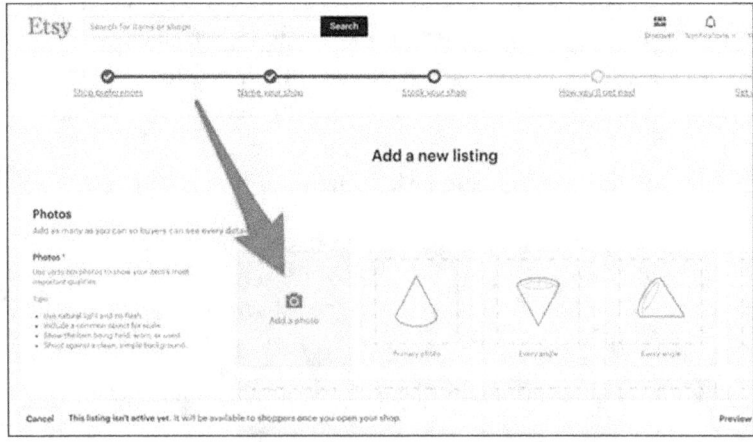

*Probieren Sie es ruhig aus, denn Sie können später alles ändern.*

# SO VERKAUFEN SIE AUF ETSY FÜR ANFÄNGER 2024

**Schritt 12: Vermarkten Sie Ihr Unternehmen**

Sobald Ihre Produkte gelistet sind, ist es an der Zeit, für Ihr Unternehmen zu werben und Kunden in Ihr Geschäft zu locken. Etsy bietet verschiedene Funktionen und Marketingtools, die Sie beim Verkauf Ihrer Produkte unterstützen. Erwägen Sie die Verwendung von gesponserten Einträgen oder Etsy-Anzeigen, um die Sichtbarkeit Ihres Shops zu verbessern. Nutzen Sie die Macht der sozialen Medien, indem Sie Ihre Einträge teilen, ansprechende Inhalte erstellen und eine Fangemeinde aufbauen. Auch die Zusammenarbeit mit Bloggern oder Influencern in Ihrer Nische kann dazu beitragen, Ihre Reichweite zu vergrößern und mehr Kunden zu gewinnen.

Herzlichen Glückwunsch zur erfolgreichen Erstellung eines Etsy-Kontos und zur Einleitung des Prozesses zur Einrichtung Ihrer Online-Verkäuferpräsenz. Denken Sie daran, Ihr Geschäft zu überwachen, umgehend auf Kundenanfragen zu reagieren und kontinuierlich an der Verbesserung Ihrer Produktlisten und Ihres Kundenservices zu arbeiten. Mit Engagement, Kreativität und einem kundenorientierten Ansatz können Sie ein florierendes Etsy-Geschäft aufbauen. Frohes Verkaufen!

## Vervollständigung Ihres Shop-Profils

Wenn Sie die Registerkarte „Shop öffnen" durchgehen, gelangen Sie schließlich zum letzten Abschnitt. Obwohl der große Start näher rückt, müssen noch einige weitere Details geklärt werden, darunter das Hochladen eines Banners und das Ausfüllen zusätzlicher Informationen und Richtlinien. Nachdem Sie auf „Shop-Banner hinzufügen" geklickt haben, werden Sie zu einer Seite „Info und Erscheinungsbild" weitergeleitet, auf der Sie verschiedene Informationen eingeben müssen. Ihr Shop-Titel, nicht Ihr Shop-Name, dient in diesem Prozess als Slogan. Hier sind die Schritte zum Vervollständigen Ihres Shop-Profils:

# SO VERKAUFEN SIE AUF ETSY FÜR ANFÄNGER 2024

**Schritt 1: Shop-Banner**

Das Banner Ihres Etsy-Shops dient als Schaufenster. Es ist das Erste, was Besucher sehen, wenn sie auf Ihrer Shop-Seite ankommen. Erstellen Sie ein Banner, das Ihr Unternehmen genau darstellt, optisch ansprechend ist und Informationen bietet. Erwägen Sie, Ihren Firmennamen, Ihr Logo oder Ihren Slogan in das Banner aufzunehmen. Stellen Sie sicher, dass auffällige Farben und hochauflösende Bilder verwendet werden, um die Stimmung für Ihr Geschäft zu schaffen. Das Banner ist eine kleine Leiste oben auf der Homepage Ihres Shops mit einer Breite von 760 Pixeln und einer Höhe von 100 Pixeln.

Wenn Sie bereits über eine Bannerbilddatei verfügen, können Sie diese auswählen und hochladen. Alternativ können Sie eines mit Grafikdesign-Anwendungen wie Photoshop erstellen oder einen Grafikdesigner damit beauftragen, ein Banner für Sie zu entwerfen. Auf verschiedenen Websites stehen außerdem kostenlose Banner-Generatoren zur Verfügung, mit denen Sie ein Banner für Ihren Etsy-Shop erstellen können.

**Schritt 2: Machen Sie eine Store-Ankündigung**

Gestalten Sie eine einladende und informative Ladenankündigung, um Besucher zu begrüßen und einen Überblick über Ihr Unternehmen und Ihre Produkte zu geben. Halten Sie es freundlich, prägnant und ermutigend und erwähnen Sie Inspirationsquellen, verwendete Materialien oder spezielle Rabatte. Die Ladenankündigung ist eine Chance, Kunden anzusprechen und sie dazu zu bewegen, Ihre Angebote zu erkunden.

**Schritt 3: Abschnittsübersicht**

Geben Sie im Abschnitt „Über" weitere Hintergrundinformationen zu Ihrer Marke, Ihrer kreativen Reise und den Besonderheiten Ihrer Artikel an. Teilen Sie Ihre Leidenschaft und die Geschichte hinter Ihrer Entscheidung, einen Etsy-Shop zu eröffnen. Seien Sie authentisch und lassen

# SO VERKAUFEN SIE AUF ETSY FÜR ANFÄNGER 2024

Sie Ihre Persönlichkeit durchscheinen. Kunden schätzen es, die Hintergrundgeschichte der von ihnen gekauften Produkte zu erfahren.

**Schritt 5: Einzelhandelsrichtlinien**

Schaffen Sie Vertrauen bei Ihren Kunden, indem Sie klare Geschäftsrichtlinien haben. Beschreiben Sie Ihre Versand-, Rückgabe-, Umtausch- und andere relevante Richtlinien im Detail. Geben Sie präzise Erklärungen, um potenzielle Bedenken oder Fragen von Kunden auszuräumen. Überprüfen und aktualisieren Sie Ihre Richtlinien regelmäßig, um etwaige Änderungen oder Verbesserungen in Ihrem Geschäftsbetrieb widerzuspiegeln.

**Schritt 6: Social-Media-Links**

Wenn Sie auf Social-Media-Plattformen aktiv sind, sollten Sie in Erwägung ziehen, in Ihrem Shop-Profil Links zu Ihren Konten hinzuzufügen. Dadurch können Käufer außerhalb von Etsy mit Ihnen in Kontakt treten und über Ihre neuesten Angebote, Werbeaktionen und Geschäftsaktualisierungen auf dem Laufenden bleiben. Social-Media-Links ermöglichen Kunden die Interaktion mit Ihrem Unternehmen über verschiedene Plattformen hinweg und fördern so das Gemeinschaftsgefühl.

**Schritt 7: Abschnitte und Kategorien einkaufen**

Organisieren Sie Ihre Produkte in logische Abschnitte und Kategorien, um den Kunden die Navigation in Ihrem Shop zu erleichtern. Stellen Sie sicher, dass die Abschnittsnamen informativ, klar und für Ihre Produkte relevant sind. Vereinfachen Sie das Einkaufserlebnis für Kunden und ermutigen Sie sie, mehr von Ihren Angeboten zu erkunden.

**Schritt 8: FAQs für den Store**

Erwägen Sie die Aufnahme eines Abschnitts mit häufig gestellten Fragen (FAQs) in Ihr Shop-Profil. Geben Sie prägnante und informative Antworten auf häufige Fragen zu

## SO VERKAUFEN SIE AUF ETSY FÜR ANFÄNGER 2024

Ihren Artikeln, Versandplänen oder Anpassungsoptionen. Die proaktive Auseinandersetzung mit allgemeinen Anliegen zeigt Ihr Engagement für exzellenten Kundenservice.

**Schritt 9: Updates und Neuigkeiten zum Store**

Halten Sie Ihr Shop-Profil über relevante Neuigkeiten, Produkteinführungen oder bevorstehende Veranstaltungen auf dem Laufenden. Veröffentlichen Sie regelmäßig alle spannenden Entwicklungen oder Ankündigungen im entsprechenden Bereich Ihres Profils, um die Kunden auf dem Laufenden zu halten und sie mit Ihrem Shop in Kontakt zu bringen.

**Schritt 10: Shop-Bewertungen**

Wenn Sie Kundenstimmen erhalten, präsentieren Sie diese in Ihrem Shop-Profil. Positive Bewertungen dienen potenziellen Käufern als Quelle des Vertrauens und der Legitimität. Heben Sie einige Ihrer besten Bewertungen hervor, um Besucher davon zu überzeugen, dass Sie hochwertige Produkte und außergewöhnlichen Kundenservice bieten.

Indem Sie Ihr Shop-Profil sorgfältig einrichten, können Sie eine professionelle und einladende Umgebung schaffen, die Kunden dazu verleitet, Ihre Angebote zu erkunden. Nehmen Sie sich die Zeit, Ihr Profil zu perfektionieren, um sicherzustellen, dass es Ihr Unternehmen wirklich repräsentiert und die richtige Atmosphäre für Ihr Geschäft schafft. Wenn Sie durch ein gut gestaltetes Shop-Profil Vertrauen aufbauen und Ihre Persönlichkeit zur Schau stellen, können Sie Stammkunden gewinnen und binden.

# SO VERKAUFEN SIE AUF ETSY FÜR ANFÄNGER 2024

## DIE RICHTLINIEN VON ETSY VERSTEHEN

Um als Etsy-Verkäufer ein reibungsloses und legales Verkaufserlebnis zu gewährleisten, ist es wichtig, sich mit den Richtlinien der Plattform vertraut zu machen. Etsy hat verschiedene Grundsätze und Einschränkungen eingeführt, um einen gerechten und zuverlässigen Marktplatz für Händler und Kunden zu schaffen. Hier sind die wichtigsten Vorschriften, die Sie als Etsy-Anbieter verstehen müssen:

**1. Anforderungen an den Verkäufer:**

- Die Verkäuferrichtlinien von Etsy beschreiben allgemeine Anforderungen für Verkäufer. Diese Regeln decken wesentliche Themen wie die wahrheitsgemäße Werbung für Produkte, die Bereitstellung eines hervorragenden Kundenservices und die Einhaltung aller relevanten Gesetze und Vorschriften ab. Die Einhaltung dieser Regeln ist für die Aufrechterhaltung eines guten Rufs und die Vermeidung möglicher Bußgelder oder Kontosperrungen von entscheidender Bedeutung.

**2. Nicht zugelassene Artikel:**

- Etsy verbietet den Verkauf bestimmter Artikel auf der Plattform. Dazu gehören illegale Produkte, solche, die gegen geistige Eigentumsrechte verstoßen, Inhalte, die zu Gewalt oder Bigotterie aufrufen oder gegen den Ethikkodex von Etsy verstoßen. Machen Sie sich mit dieser Liste vertraut, um sicherzustellen, dass Ihre Produkte den Etsy-Regeln entsprechen. Der Verkauf verbotener Artikel kann zur Kontosperrung oder Entfernung von der Plattform führen.

**3. Rechte an geistigem Eigentum:**

- Die Achtung der Rechte an geistigem Eigentum ist auf Etsy von entscheidender Bedeutung. Stellen Sie sicher, dass keines der von Ihnen verkauften Produkte Urheberrechte, Marken oder andere Rechte an geistigem Eigentum verletzt. Vermeiden Sie die Verwendung urheberrechtlich geschützter Designs, Marken oder Bilder ohne gesetzliche Genehmigung. Seien Sie vorsichtig, wenn Sie in Ihren Produktlisten markenrechtlich geschützte Phrasen oder Markennamen verwenden, da Verstöße rechtliche Konsequenzen nach sich ziehen können.

**4. Richtlinien für Produktlisten:**

- Etsy hat spezifische Richtlinien dazu, wie Sie Ihre Produkte auflisten und beschreiben. Stellen Sie Ihre Artikel fair dar, mit informativen Beschreibungen und hochwertigen Bildern. Vermeiden Sie irreführende Titel, übertriebene Behauptungen oder falsche Informationen zu Ihren Produkten. Geben Sie genaue Angaben zu Abmessungen, Materialien und Anpassungsoptionen an, um Vertrauen bei den Kunden aufzubauen.

**5. Lieferungen und Versand:**

- Etsy bietet Tipps für die besten Versand- und Lieferpraktiken. Kommunizieren Sie Ihre Versandregeln, Bearbeitungszeiten, Versandoptionen und damit verbundenen Gebühren klar und deutlich. Seien Sie transparent über die voraussichtlichen Ankunftstermine und halten Sie Ihre Kunden während des gesamten Versandprozesses auf dem Laufenden. Zuverlässige und schnelle Versandpraktiken steigern die Kundenzufriedenheit und tragen zu einem positiven Ruf von Etsy bei.

**6. Rückerstattungen und Rückgaben:**

- Etsy ermöglicht es Anbietern, ihre eigenen Rückerstattungs- und Rückgaberichtlinien festzulegen. Erklären Sie Ihren Kunden Ihre Richtlinien, einschließlich etwaiger Einschränkungen oder Anforderungen, klar und deutlich. Erwägen Sie, faire und entgegenkommende Rückgaberichtlinien anzubieten, um einen außergewöhnlichen Kundenservice zu bieten. Eine professionelle und zeitnahe Bearbeitung von Retouren und Rückerstattungen kann die Kundenzufriedenheit erhöhen und Folgegeschäfte fördern.

**7. Kundenservice und Kommunikation:**

- Exzellenter Kundenservice ist der Schlüssel zum Erfolg auf Etsy. Reagieren Sie umgehend und höflich auf Kundenfragen und -nachrichten. Gehen Sie umgehend und professionell auf alle von Kunden geäußerten Probleme oder Bedenken ein. Der Aufbau von Vertrauen und Loyalität durch klare und höfliche Kommunikation führt zu positiven Bewertungen und Mundpropaganda.

**8. Überarbeitungen und Aktualisierungen der Richtlinien:**

- Die Richtlinien von Etsy können Änderungen oder Aktualisierungen unterliegen. Bleiben Sie über alle Richtlinienänderungen informiert, die sich auf Ihr Verkaufserlebnis auswirken können. Lesen Sie regelmäßig das Etsy-Verkäuferhandbuch, Richtlinienwarnungen und andere Mitteilungen, um Ihre Verfahren nach Bedarf anzupassen.

Wenn Sie die Etsy-Regeln kennen und befolgen, fühlen sich Kunden beim Einkaufen bei Ihnen sicher und vertrauenswürdig. Bleiben Sie über Verkäuferregeln, verbotene Artikel, geistige Eigentumsrechte, Produktlistenrichtlinien, Versandverfahren, Rückgaben und Rückerstattungen, Kommunikation und Kundensupport auf dem Laufenden. Passen Sie Ihre Geschäftsabläufe nach Bedarf an, um auf Etsy erfolgreich zu sein.

# SO VERKAUFEN SIE AUF ETSY FÜR ANFÄNGER 2024

## NAVIGIEREN AUF DER ETSY-PLATTFORM

### ERKUNDEN SIE DAS VERKÄUFER-DASHBOARD

Wenn es um die Verwaltung und Erweiterung Ihres Shops auf Etsy geht, ist das Verkäufer-Dashboard Ihre Anlaufstelle. Lassen Sie uns näher auf die einzelnen Komponenten des Verkäufer-Dashboards eingehen, damit Sie genau verstehen, wie Sie dessen Funktionen nutzen können, um Ihren Verkauf auf Etsy zu verbessern.

**1. Shop-Statistikübersicht:**

- Überwachen Sie die Leistung Ihres Shops anhand von Indikatoren wie Gesamtbesuche, Bestellungen, Einkommen und Konversionsrate. Nutzen Sie diese Statistiken, um den Fortschritt zu verfolgen, Trends zu erkennen und den Erfolg Ihres Shops zu verbessern.

**2. Listing-Manager:**

- Erstellen, ändern und verwalten Sie Ihre Produktlisten. Optimieren Sie Beschreibungen, Bilder und Informationen, um die Sichtbarkeit in den Suchergebnissen zu erhöhen und mehr potenzielle Kunden anzulocken.

**3. Auftragsmanager:**

- Bearbeiten und erledigen Sie Aufträge effizient. Bestellungen anzeigen, bearbeiten und als versandt markieren. Nutzen Sie Filter- und Sortiertools, um den Überblick zu behalten und einen hervorragenden Kundenservice zu bieten.

# SO VERKAUFEN SIE AUF ETSY FÜR ANFÄNGER 2024

**4. Zahlungskonto:**

- Greifen Sie auf Details zu Ihren Einnahmen und Finanztransaktionen zu. Sehen Sie sich den Zahlungsverlauf an, verwalten Sie die Einstellungen des Zahlungskontos und richten Sie Ihre bevorzugte Zahlungsoption zum Sammeln von Verkaufserlösen ein.

**5. Marketing:**

- Erhöhen Sie die Sichtbarkeit und Reichweite Ihres Geschäfts durch verschiedene Marketingtools. Entdecken Sie Strategien wie Verkäufe, Rabattcodes und Etsy-Anzeigen, um neue Kunden zu gewinnen, treue Kunden zu belohnen und Wiederholungsgeschäfte zu fördern.

**6. Shop-Einstellungen:**

- Personalisieren Sie das Erscheinungsbild und die Regeln Ihres Shops. Aktualisieren Sie den Namen, das Logo, das Banner und die Richtlinien des Geschäfts, um Ihre Markenidentität widerzuspiegeln. Sorgen Sie für klare Versand-, Rückerstattungs- und Datenschutzrichtlinien zur Kundenberatung.

**7. Shop-Performance:**

- Verfolgen Sie Bewertungen und Kundenzufriedenheit. Überwachen Sie Bewertungen, Rezensionen, Reaktionszeiten und Bestellprobleme. Halten Sie hohe Standards im Kundenservice ein, um einen guten Ruf und positive Bewertungen zu erzielen.

**8. Shop-Optimierung:**

- Erhalten Sie personalisierte Optimierungsratschläge, um die Sichtbarkeit und Leistung Ihres Shops zu verbessern. Implementieren Sie vorgeschlagene Änderungen, um Ihr Geschäft erfolgreich zu positionieren.

# SO VERKAUFEN SIE AUF ETSY FÜR ANFÄNGER 2024

Indem Sie die Funktionen und Abschnitte des Verkäufer-Dashboards gründlich erkunden und nutzen, können Sie wertvolle Erkenntnisse gewinnen, Bestellungen effizient verwalten, Shop-Einstellungen personalisieren und mit einer hilfreichen Verkäufer-Community in Kontakt treten. Bleiben Sie organisiert, treffen Sie datengesteuerte Entscheidungen und verbessern Sie kontinuierlich die Funktionalität Ihres Etsy-Shops, um Wachstum zu erleben.

## EINEN KUNDEN FÜR DIE SUCHFUNKTIONEN VON ETSY GEWINNEN

**Grundlegendes zur Suchfunktion von Etsy:**

- Um die Sichtbarkeit Ihres Shops zu optimieren, ist es wichtig zu wissen, wie die Suchmaschine von Etsy funktioniert. Der Algorithmus von Etsy berücksichtigt Faktoren wie Schlüsselwörter, Relevanz, Konversionsrate und Kundeninteraktion, um genaue und nützliche Suchergebnisse bereitzustellen.

**1. Labels und Schlüsselwörter:**

- Etsys Suche basiert stark auf Schlüsselwörtern. Integrieren Sie relevante Schlüsselwörter in Listentitel, Beschreibungen und Tags. Vermeiden Sie Keyword-Stuffing und konzentrieren Sie sich auf die organische Integration, um bessere Suchergebnisse zu erzielen.

**2. Relevanz für Schlüsselwörter:**

- Der Algorithmus bewertet Faktoren wie Keyword-Präsenz, Angebotsqualität, Verkaufshistorie und Kundenbewertungen, um die Relevanz des Angebots zu bestimmen. Optimieren Sie Einträge für relevante Schlüsselwörter und stellen Sie präzise Informationen bereit, um das Suchranking zu verbessern.

# SO VERKAUFEN SIE AUF ETSY FÜR ANFÄNGER 2024

**3. Konversionsrate und Kundenbindung:**

- Mehr Aufrufe, Favoriten und Käufe erhöhen die Wahrscheinlichkeit, dass ein Eintrag in den Suchergebnissen weiter oben erscheint. Fördern Sie die Kundeninteraktion, indem Sie hochwertige Produkte, hervorragenden Support und interessante Angebote anbieten.

**4. Kategorie und Merkmale:**

- Nutzen Sie die Kategorieoptionen und -attribute von Etsy, um Produkte effektiv zu kategorisieren. Dies hilft dem Algorithmus, Ihre Produkte besser zu verstehen und sie in relevanten Suchergebnissen anzuzeigen.

**5. Informationen zu Versand- und Shop-Richtlinien:**

- Der Algorithmus von Etsy berücksichtigt Shop-Richtlinien und Versanddetails. Stellen Sie sicher, dass Ihre Geschäftsrichtlinien klar und konform sind und genaue Versandinformationen bereitstellen. Dies erhöht die Chancen, in relevanten Suchanfragen zu erscheinen.

Um den Traffic und die Umsätze Ihres Shops zu steigern, sollten Sie die Suchfunktionen von Etsy verstehen und nutzen. Integrieren Sie Schlüsselwörter, optimieren Sie Einträge, treten Sie mit Kunden in Kontakt und bleiben Sie über Branchentrends auf dem Laufenden. Bewerten und ändern Sie Einträge regelmäßig basierend auf der Suchleistung, um optimale Sichtbarkeit und Erfolg auf Etsy zu erzielen.

# SO VERKAUFEN SIE AUF ETSY FÜR ANFÄNGER 2024

## NUTZUNG DER COMMUNITY- UND SUPPORT-RESSOURCEN AUF ETSY

Einer der wesentlichen Vorteile ist die Zugehörigkeit zur florierenden Verkäufer-Community von Etsy und der Zugriff auf deren umfangreiche Support-Ressourcen. Lassen Sie uns in diesem Kapitel die verschiedenen Möglichkeiten erkunden, wie Sie mit der Etsy-Community interagieren und Support-Tools nutzen können, um Ihre Verkaufsfähigkeiten zu verbessern und Ihren Shop zu vergrößern.

**Teilnahme an der Verkäufer-Community:**

1. **Foren und Diskussionen:** Beteiligen Sie sich an Etsy-Foren, um mit anderen Verkäufern in Kontakt zu treten, Fragen zu stellen, Erfahrungen auszutauschen und Einblicke in verschiedene Aspekte des Verkaufens zu gewinnen, von Marketingtaktiken über Shop-Management bis hin zur Produktfotografie.

2. **Mannschaften:** Treten Sie Etsy-Teams mit Verkäufern bei, die ähnliche Interessen, Marktsegmente oder geografische Regionen teilen. Teams bieten eine kollaborative Umgebung für die Generierung von Ideen, den Austausch von Ressourcen und die Vernetzung.

3. **Lokale Treffen und Veranstaltungen:** Nehmen Sie an den regionalen Meetups und Veranstaltungen von Etsy teil, um Verkäufer persönlich zu treffen, Ideen auszutauschen und von Branchenexperten zu lernen. Diese Zusammenkünfte bieten wertvolle Gelegenheiten zum Networking.

4. **Sozialen Medien:** Vernetzen Sie sich mit der Etsy-Community auf Plattformen wie Facebook, Twitter und Instagram. Nutzen Sie relevante Hashtags, folgen Sie offiziellen Etsy-Konten und interagieren Sie mit anderen

# SO VERKAUFEN SIE AUF ETSY FÜR ANFÄNGER 2024

Verkäufern, um sich zu vernetzen und für Ihr Unternehmen zu werben.

**Support und Hilfe für Verkäufer:**

1. **Hilfezentrum:** Entdecken Sie Etsys Hilfecenter, um umfassende Informationen zu verschiedenen Aspekten der Verwaltung eines erfolgreichen Shops zu erhalten. Es bietet Schritt-für-Schritt-Anleitungen, Leitfäden und Artikel zu Shop-Richtlinien, Angebotsoptimierung und Bestellverwaltung.

2. **Verkäuferhandbuch:** Greifen Sie auf eine Sammlung von Artikeln erfahrener Etsy-Verkäufer und Fachexperten zu Themen wie Branding, Marketing, Produktfotografie und SEO zu. Das Verkäuferhandbuch ist eine wertvolle Ressource zur Verbesserung der Leistung Ihres Shops.

3. **Kontakt zum Verkäufer-Support:** Wenn Sie auf Probleme stoßen oder spezielle Fragen haben, wenden Sie sich an das Verkäufer-Support-Team von Etsy. Sie können bei geschäftsbezogenen Anfragen, technischen Problemen und der Klärung von Richtlinien behilflich sein und bieten spezialisierte Unterstützung, die auf Ihre Situation zugeschnitten ist.

**Workshops und Webinare auf Etsy:** Nehmen Sie an Etsys Webinaren und Workshops teil, die von Branchenexperten geleitet werden. Diese Sitzungen behandeln verschiedene Themen und helfen Ihnen, neue Fähigkeiten zu entwickeln, Ihr Wissen zu erweitern und über Branchentrends auf dem Laufenden zu bleiben. Halten Sie Ausschau nach Ankündigungen und registrieren Sie sich für Programme, die Ihren Interessen und Zielen entsprechen.

# SO VERKAUFEN SIE AUF ETSY FÜR ANFÄNGER 2024

**Weitere Ressourcen:**

1. **Etsy-Blog:** Entdecken Sie den Etsy-Blog für inspirierende Erfolgsgeschichten, Verkäufer-Spotlights und Ratschläge von Branchenexperten. Nutzen Sie es als Quelle der Motivation, Ermutigung und als Mittel, um mit der Etsy-Community in Verbindung zu bleiben.

2. **Etsy-Anwendungen und -Tools:** Entdecken Sie verschiedene Anwendungen und Tools, die auf der Etsy-Plattform verfügbar sind, um Ihre Produkteinträge zu verbessern, den Shop-Betrieb zu optimieren und Ihre Marketingbemühungen zu maximieren. Diese Tools können die Produktivität verbessern und bei der Verwaltung von Inventar und sozialen Medien helfen.

3. **Ressourcen für Verkäufer:** Der spezielle Bereich von Etsy bietet Informationen, Arbeitsblätter, Leitfäden und Vorlagen, um spezifische Herausforderungen anzugehen und fundierte Entscheidungen zu treffen. Diese Ressourcen bieten wertvolle Einblicke und Ratschläge.

Durch die aktive Teilnahme an der Etsy-Community, die Nutzung von Supportressourcen, die Teilnahme an Workshops und die Erkundung zusätzlicher Tools können Sie auf eine Fülle von Informationen zugreifen, um den Verkauf auf Etsy effektiver zu steuern. Nutzen Sie die Stärke der Community, lassen Sie sich von Profis beraten und verbessern Sie sich als Verkäufer kontinuierlich, indem Sie informiert bleiben und neue Strategien erlernen.

# SO VERKAUFEN SIE AUF ETSY FÜR ANFÄNGER 2024

## TEIL II

## Bereiten Sie Ihren Shop auf den Erfolg vor

Der Aufbau eines erfolgreichen Etsy-Geschäfts erfordert Zeit, Mühe und strategische Planung. Um sicherzustellen, dass sich Ihr Etsy-Shop von der Vielzahl anderer abhebt, ist es wichtig, Ihre Produkte aktiv zu vermarkten und mit der Online-Community in Kontakt zu treten. In diesem Abschnitt erkunden wir verschiedene Methoden, um Ihren Etsy-Erfolg anzukurbeln.

### Durchführung von Marktforschung

Um einen florierenden Etsy-Shop aufzubauen, ist die Durchführung von Marktforschung ein entscheidender Schritt in der dynamischen Welt des E-Commerce. Eine fundierte Entscheidungsfindung, die Anpassung Ihrer Angebote und die erfolgreiche Positionierung Ihres Geschäfts werden durch das Verständnis Ihres Zielmarktes, das Erkennen von Trends und die Einschätzung der Konkurrenz erleichtert. Lassen Sie uns auf die Bedeutung der Marktforschung eingehen und praktische Ratschläge für die Durchführung umfassender Recherchen auf freundliche und zugängliche Weise geben.

**Marktforschung: Warum ist sie wichtig?**

Marktforschung dient als Grundlage eines fundierten Geschäftsplans. Es ermöglicht Ihnen, Kundenbedürfnisse und -präferenzen zu erkennen, Einblicke in Ihren Zielmarkt zu gewinnen und datengesteuerte Entscheidungen zu treffen. Für Ihren Etsy-Shop ist Marktforschung aus folgenden Gründen unerlässlich:

1. **Kennen Sie Ihre Zielgruppe:** Das Studium demografischer, psychografischer und Kaufmuster hilft dabei, Ihre idealen Kunden zu finden und zu verstehen.

Indem Sie Ihre Produkte an ihre Bedürfnisse und Vorlieben anpassen, können Sie einen treuen Kundenstamm aufbauen.

2. **Trends und Nachfrage erkennen:** Marktforschung ermöglicht es Ihnen, über aktuelle Trends auf dem Laufenden zu bleiben und die zukünftige Nachfrage zu antizipieren. Durch die Identifizierung neuer Trends, aktueller Themen und saisonaler Vorlieben können Sie Ihr Produktangebot an den Wünschen der Kunden ausrichten.

3. **Wettbewerbsanalyse:** Durch die Analyse Ihrer Konkurrenten können Sie deren Stärken, Schwächen und Marktpositionierung beurteilen. Das Verständnis ihrer Preise, Produktangebote und Alleinstellungsmerkmale ist entscheidend, um Ihre Nische zu finden und Ihr Geschäft von der Konkurrenz abzuheben.

4. **Entwicklung Ihres Wertversprechens:** Durch Marktforschung können Sie Marktlücken identifizieren und eine eindeutige Positionierung für Ihr Geschäft festlegen. Wenn Sie verstehen, was Ihre Produkte einzigartig macht, und Ihr Wertversprechen klar formulieren, können Sie Kunden gewinnen und binden.

Sehen wir uns nun einige praktische Ratschläge für die erfolgreiche Durchführung einer Marktforschung für Ihren Etsy-Shop an:

1. **Nutzen Sie externe Forschungsressourcen:** Gewinnen Sie Einblicke in den Markt mithilfe externer Forschungsressourcen wie Google Trends, Social-Media-Analysen und Branchenstudien. Diese Ressourcen bieten Informationen zu Markttrends, Verbraucherverhalten und der Wettbewerbslandschaft.

2. **Interagieren Sie mit Ihrer Zielgruppe:** Erwägen Sie die Durchführung von Interviews oder Umfragen mit

Ihrer Zielgruppe, um Einblicke in deren Vorlieben und Feedback zu erhalten. Mit diesen Methoden gewonnene qualitative Daten können tiefere Einblicke in die Präferenzen und Anforderungen der Kunden bieten.

3. **Überwachen Sie soziale Medien:** Behalten Sie Social-Media-Plattformen im Auge, um Trends, Gespräche und Interaktionen im Zusammenhang mit Ihrer Produktkategorie zu beobachten. Dies kann Ihnen helfen, aufkommende Trends zu erkennen und die Kundenzufriedenheit zu bewerten.

4. **Aktualisieren Sie Ihr Wissen:** Marktforschung ist eine fortlaufende Aktivität. Bleiben Sie über Markttrends, Verbraucherpräferenzen und Wettbewerbsstrategien auf dem Laufenden. Überprüfen Sie Ihre Recherche regelmäßig, um Anpassungen und Verbesserungen an Ihrer Shop-Auswahl vorzunehmen.

Durch die Durchführung eingehender Marktforschung können Sie Ihren Zielmarkt besser verstehen, Trends erkennen, den Wettbewerb einschätzen und Ihr Wertversprechen verfeinern. Mit diesen Informationen können Sie Ihren Etsy-Shop erfolgreich positionieren, Produkte entwickeln, die bei Kunden Anklang finden, und effektive Marketingstrategien für langfristigen Erfolg entwickeln. Denken Sie daran, dass Marktforschung eine Investition in das Wachstum und die Nachhaltigkeit Ihres Unternehmens ist.

## ÜBERZEUGENDE PRODUKTLISTEN ERSTELLEN

### Wirksame Produkttitel schreiben

Das Erstellen effektiver Produktlisten ist eine Kunst, die erfolgreiche Online-Handwerker und -Künstler beherrschen. Die Sprache, mit der Kreationen beschrieben werden, spielt eine entscheidende Rolle, um Aufmerksamkeit zu erregen und potenzielle Käufer zum Kauf zu inspirieren. Egal, ob Sie über sich selbst schreiben, als Gast bloggen oder Produktbeschreibungen für Ihren Etsy-Shop erstellen – das Ziel besteht darin, mit den Lesern in Kontakt zu treten und sie dazu zu bewegen, sich mit Ihren Angeboten zu beschäftigen.

### Effektive Produkttitel schreiben

Produkttitel sind das Erste, was potenzielle Käufer sehen, und sie spielen eine entscheidende Rolle, um Aufmerksamkeit zu erregen. Beim Schreiben effektiver Produkttitel:

- **Seien Sie beschreibend:** Machen Sie deutlich, um welches Produkt es sich handelt und welche Hauptmerkmale es aufweist. Verwenden Sie eine beschreibende Sprache, die die Einzigartigkeit Ihres Artikels hervorhebt.

Zum Beispiel:

  - „Handbemalte Speiseteller aus Keramik – steigern Sie Ihr kulinarisches Erlebnis"
  - „Plüschiger handgewebter Kaschmirschal – ein Statement-Stück für jede Jahreszeit"
  - „Umweltfreundliche Yogamatte – Ihr Zufluchtsort der Ruhe für ein perfektes Training"

- **Verwenden Sie Schlüsselwörter:** Integrieren Sie relevante Schlüsselwörter, die potenzielle Käufer bei ihrer Suche verwenden könnten. Überlegen Sie sich Begriffe, die Ihr Produkt genau beschreiben und bei Ihrer Zielgruppe Anklang finden.

- **Halten Sie es prägnant:** Produkttitel sollten prägnant und leicht lesbar sein. Vermeiden Sie unnötige Details und konzentrieren Sie sich auf die wichtigsten Verkaufsargumente.

### Produktbeschreibung

Produktbeschreibungen sind wirkungsvolle Instrumente, um Zuschauer zum Kauf zu bewegen. Hier sind einige Tipps zum Verfassen überzeugender Produktbeschreibungen:

- **Fokus auf Vorteile:** Käufer werden durch die Vorteile eines Produkts motiviert. Beschreiben Sie, wie Ihre Produkte den Kunden ein Gefühl vermitteln, ihren Komfort erhöhen und ihren persönlichen Stil zum Ausdruck bringen.

Zum Beispiel:

- „Verwandeln Sie Ihren Wohnraum mit unserem maßgeschneiderten Couchtisch aus Altholz. Jedes Stück erzählt eine Geschichte und verleiht Ihrem Zuhause Charakter und Wärme."

- „Gönnen Sie sich das ultimative Spa-Erlebnis mit unseren mit Bio-Lavendel angereicherten Badesalzen. Lassen Sie das beruhigende Aroma den Stress des Tages wegspülen und Sie entspannt und verjüngt zurücklassen."

- **Erstellen Sie ein Erlebnis:** Verwenden Sie eine lebendige Sprache, um dem Leser ein Erlebnis zu bieten. Helfen Sie ihnen, sich vorzustellen, wie das Produkt in ihr Leben passt und welche positiven Auswirkungen es haben kann.

- **Eine Geschichte erzählen:** Teilen Sie die Geschichte hinter Ihren Produkten. Ob es um die Inspiration hinter dem Design oder die verwendeten Materialien geht, das Geschichtenerzählen verleiht Ihren Kreationen Tiefe.

# SO VERKAUFEN SIE AUF ETSY FÜR ANFÄNGER 2024

- **Besonderheiten einbeziehen:** Geben Sie Details wie Abmessungen, verwendete Materialien und etwaige Anpassungsoptionen an. Seien Sie transparent und beantworten Sie mögliche Fragen des Käufers.

Die Erstellung überzeugender Produktlisten erfordert eine Kombination aus beschreibender Sprache, Storytelling und einem Fokus auf die Vorteile, die Ihre Produkte bieten. Binden Sie potenzielle Käufer ein, indem Sie ihnen helfen, sich das Erlebnis vorzustellen, Ihre Kreationen zu besitzen und zu nutzen.

Schreiben Sie für Ihre Leserschaft

Beim Erstellen von Produktbeschreibungen ist es wichtig, direkt mit Ihrem idealen Kunden zu sprechen, dem Hauptkunden, der häufig den Großteil Ihrer Einkäufe tätigt. Diese Person macht wahrscheinlich einen erheblichen Teil Ihres Umsatzes aus. Daher ist es von entscheidender Bedeutung, Ihre Sprache so anzupassen, dass sie bei dieser Person Anklang findet. Verwenden Sie die Sprache, die sie verwenden würden, um die schönen handgefertigten Artikel zu beschreiben, die sie bei Ihnen gekauft haben. Da Besucher den kreativen Prozess schätzen, schreiben Sie so, als würden Sie mit einem Freund sprechen, und integrieren Sie das „Ich"-Wort, um eine persönliche Verbindung herzustellen.

*Illustration:*

„Ich habe dieses Lederportemonnaie aus feinstem Vollnarbenleder gefertigt und dabei auf Sorgfalt und Präzision in jedem Detail geachtet. Sie verdienen ein Portemonnaie, das nicht nur dem Test der Zeit standhält, sondern auch Ihren Geschmack für Qualität und Flair widerspiegelt. Ich habe Freude an der Beschaffung." Das beste Leder und die fachmännische Handnaht

# SO VERKAUFEN SIE AUF ETSY FÜR ANFÄNGER 2024

jeder Brieftasche schätze ich wie Sie das Können, das in jedem kleinen Detail steckt.

Dieses Portemonnaie ist mehr als nur ein Accessoire; Ob Sie es in Ihre Tasche stecken oder voller Stolz zur Schau stellen, es ist ein Ausdruck Ihrer Wertschätzung für die schönen Dinge des Lebens. Jedes Mal, wenn Sie nach Ihren Karten oder Ihrem Bargeld greifen, werden Sie an die Gedanken und die Mühe erinnert, die in die Schaffung dieses Stücks gesteckt wurden. Es dient als tägliche Erinnerung daran, dass Sie nichts Geringeres verdienen. Feiern wir also die Freude, eine Brieftasche zu besitzen, die nicht nur Ihre Wertsachen sichert, sondern auch Stil und Qualität ausstrahlt. Machen Sie sich bereit, mit jeder Transaktion einen Eindruck zu hinterlassen."

*Vermeiden Sie Folgendes*

Online-Käufer sind anspruchsvoll und bestimmte Elemente können große Abschreckungen hervorrufen. Laut Diskussionen in Etsy-Foren sollten Sie in Produktbeschreibungen Folgendes vermeiden:

- Übermäßig lange Beschreibungen: Vermeiden Sie die Angabe von Details, die nichts mit dem Artikel zu tun haben. Halten Sie die Beschreibungen prägnant und konzentrieren Sie sich auf die Hauptmerkmale des Produkts.

- Sehr kurze Angebote: Stellen Sie sicher, dass Ihre Angebote ausreichend Informationen enthalten und potenzielle Käufer nicht mit unbeantworteten Fragen zurücklassen.

- Fehlende Erklärung zum Entstehungsprozess: Klären Sie insbesondere bei Kunstwerken den kreativen Prozess hinter Ihren Objekten, um einen Einblick in deren Einzigartigkeit zu erhalten.

- Weglassen von Abmessungen oder Materialien: Geben Sie die Abmessungen und verwendeten Materialien des Artikels deutlich an. Vermeiden Sie in Ihren Beschreibungen irreführende Sprache.

- Rechtschreib- oder Grammatikfehler: Bewahren Sie Ihre Professionalität, indem Sie etwaige Rechtschreib- oder Grammatikfehler Korrektur lesen und korrigieren.

- Unterlassene Erwähnung internationaler Lieferkosten: Seien Sie transparent über die Lieferkosten, einschließlich des internationalen Versands, um den Käufern klare Erwartungen zu vermitteln.

- Zu komplexe Beschreibungen: Halten Sie Beschreibungen klar und unkompliziert und vermeiden Sie unnötige Komplexität.

- Verärgerter Ton in den Allgemeinen Geschäftsbedingungen: Behalten Sie in allen Allgemeinen Geschäftsbedingungen einen positiven und professionellen Ton bei, um ein positives Einkaufserlebnis zu fördern.

### Erfahrungsberichte haben Einfluss

Kundenrezensionen, allgemein bekannt als „Testimonials", haben als wirksame Marketinginstrumente für Ihre Produkte einen erheblichen Einfluss. Authentische Erfahrungsberichte zufriedener Kunden verleihen Ihrer Markenbotschaft Glaubwürdigkeit und Vertrauenswürdigkeit. Erfahrungsberichte können unterschiedliche Formen annehmen, wie z. B. Komplimente zur Qualität Ihrer Waren, konkrete Anwendungsfälle für Ihre Kunstwerke, Kommentare zur Pünktlichkeit der Paketzustellung oder Anerkennung für kreative Verpackungen. Auch Dankesbekundungen für das Übertreffen der Erwartungen oder Dankeskarten von Kunden, die

# SO VERKAUFEN SIE AUF ETSY FÜR ANFÄNGER 2024

einzigartige Artikel in Auftrag gegeben haben, tragen zur positiven Wirkung von Testimonials bei.

Obwohl sie die Meinung von Fremden vertreten, neigen Menschen dazu, den Aussagen anderer Kunden zu vertrauen, da es eine grundlegende menschliche Eigenschaft ist, anderen zuzuhören. Damit ein Testimonial jedoch die Kaufentscheidung eines potenziellen Käufers erfolgreich beeinflussen kann, muss es bestimmte Tests bestehen:

1. Klingt authentisch und gesprächig: Ein Testimonial sollte nicht wie „Marketing-Füllung" klingen. Authentizität und ein gesprächiger Ton kommen bei potenziellen Käufern besser an, wohingegen eine übermäßig werbliche Sprache den gegenteiligen Effekt haben kann.

2. Seien Sie präzise: Spezifische Erfahrungsberichte haben eine tiefgreifendere Wirkung als allgemeine. Detaillierte Kommentare darüber, wie ein bestimmtes Produkt, wie „Mein Mann liebt Ihre Sage Pinon-Seife", mehr Glaubwürdigkeit bieten als allgemeine Aussagen wie „Carrie macht tolle Seife!" Die Spezifität verleiht dem Zeugnis Tiefe und Authentizität.

3. Von echten Personen stammen: Echte Erfahrungsberichte sollten von echten Personen stammen, mit denen sich Ihre Kunden identifizieren können. Erfahrungsberichte aus verlässlichen Quellen schaffen ein Gefühl von Vertrauen und Verbundenheit.

Sammeln und speichern Sie als Praxis positives Feedback Ihrer Kunden und verteilen Sie es dann strategisch auf Ihrer Website. Die Einbeziehung auch kurzer Kundenstimmen in Ihre Produktbeschreibungen kann das Vertrauen der Käufer stärken und zu einer positiven Wahrnehmung Ihrer Marke beitragen.

# SO VERKAUFEN SIE AUF ETSY FÜR ANFÄNGER 2024

### Effektives Etsy-Schreiben: Power-Keywords

Wenn Benutzer Etsy erkunden, begeben sie sich auf die Suche nach bestimmten Artikeln und verwenden dabei präzise Begriffe, die das Gesuchte zusammenfassen. Um sicherzustellen, dass der Suchalgorithmus von Etsy Ihre Artikel potenziellen Käufern zuordnet, ist es wichtig, Schlüsselwörter strategisch in Ihre Angebote zu integrieren. Die Sprache, die Sie in Ihren Titeln, Überschriften und Beschreibungen verwenden, spielt eine entscheidende Rolle bei der Verbesserung der Sichtbarkeit Ihrer Produkte. So können Sie Power-Keywords effektiv nutzen:

**Schlüsselwörter in Titeln:** Wenn Sie ein Produkt zu Ihrem Etsy-Shop hinzufügen, entwerfen Sie einen Titel, der bei Ihrer Zielgruppe Anklang findet. Wählen Sie aussagekräftige Schlüsselwörter, die mit dem übereinstimmen, was Ihre idealen Kunden verwenden würden, um ähnliche Artikel wie Sie zu entdecken. Ein überzeugender und schlüsselwortreicher Titel kann die Auffindbarkeit Ihrer Produkte erheblich steigern.

**Überschriften und Zwischenüberschriften:** Organisieren Sie Informationen zu Ihren Artikeln mithilfe von Überschriften und Unterüberschriften in leicht durchsuchbaren Abschnitten. Diese Abschnitte sollten wichtige Wörter enthalten, die sich auf den Inhalt Ihrer Artikel beziehen, um sicherzustellen, dass Ihre aussagekräftigen Schlüsselwörter strategisch platziert sind. Dieser strukturierte Ansatz hilft potenziellen Käufern, die wichtigsten Details zu Ihren Produkten schnell zu erfassen.

### Schlüsselwörter entdecken:

- **Google-bezogene Suchanfragen:** Führen Sie eine Google-Suche nach Begriffen durch, die sich auf Ihre Artikel beziehen. Durchsuchen Sie die verwandten Suchanfragen unten auf der Ergebnisseite, um wichtige Schlüsselwörter zu finden, die in Ihre Artikelbeschreibungen aufgenommen werden können.

# SO VERKAUFEN SIE AUF ETSY FÜR ANFÄNGER 2024

- **Von Google vorgeschlagene Begriffe:** Achten Sie bei der Eingabe in das Suchfeld auf die vorgeschlagenen Begriffe, die Google anbietet. Dies sind häufig gesuchte Phrasen und können als wertvolle Schlüsselwörter dienen, die Sie in Ihre Einträge integrieren können.

- **Überprüfen Sie Ihre Statistikberichte:** Sehen Sie sich die Statistikberichte Ihres Shops an, um zu verstehen, über welche Schlüsselwörter die Leute Ihre Einträge gefunden haben. Diese Daten liefern wertvolle Einblicke in die Suchbegriffe, die potenzielle Kunden verwenden, sodass Sie Ihre Einträge entsprechend optimieren können.

### Erstellen Sie Ihr Shop-Profil:

Ihr Etsy-Shop ist nicht nur eine Präsentation der von Ihnen verkauften Artikel; Es ist eine Gelegenheit für Käufer, mit der Person hinter dem Shop in Kontakt zu treten. Die Erstellung eines ansprechenden Shop-Profils kann dabei helfen, eine persönliche Verbindung herzustellen. Hier sind einige Ideen für Ihr Shop-Profil:

1. **Herzliche Grüße:** Begrüßen Sie Besucher und potenzielle Kunden herzlich.

2. **Standorteinfluss:** Erwähnen Sie, wo Sie sich befinden und wie Ihr Standort Ihre Auswahl beeinflusst.

3. **Einflüsse und Vorlieben:** Teilen Sie die Einflüsse mit, die Ihre Entscheidungen prägen, z. B. Lieblingsstile, Epochen oder kulturelle Bewegungen.

4. **Gründung des Shops:** Beschreiben Sie, wie Sie Ihren Shop gegründet haben und was Sie dazu veranlasst hat, Ihre einzigartige Kollektion zusammenzustellen.

# SO VERKAUFEN SIE AUF ETSY FÜR ANFÄNGER 2024

5. **Einzigartige Angebote:** Heben Sie die Art der von Ihnen angebotenen Artikel hervor und erklären Sie, warum sie besonders oder einzigartig sind.

6. **Leidenschaftliche Verbindung:** Erklären Sie Ihre Leidenschaft dafür, Käufer mit Ihren Artikeln zu verbinden und wie sie ihr Leben verbessern können.

7. **Einblick in Ihren Prozess:** Geben Sie einen Einblick in Ihren Prozess, sei es die Beschaffung von Artikeln oder die Erstellung benutzerdefinierter Kollektionen.

8. **Material- und Stilschwerpunkt:** Besprechen Sie die Materialien und Stile, auf die Sie sich konzentrieren, und warum sie eine persönliche Bedeutung haben.

9. **Geschichten teilen:** Teilen Sie Anekdoten oder Geschichten zu bestimmten Objekten oder Ihren Erfahrungen als Kurator.

Durch die Einbindung von Power-Keywords und die Erstellung eines überzeugenden Shop-Profils verbessern Sie die Sichtbarkeit Ihres Shops, verbinden sich mit Ihrem Publikum und machen Ihren Etsy-Shop für potenzielle Käufer attraktiver.

## BILDRECORDER FÜR HOCHWERTIGE PRODUKTE

**BILDRECORDER FÜR HOCHWERTIGE PRODUKTE**

Atemberaubende Produktfotos sind entscheidend, um die Aufmerksamkeit potenzieller Kunden zu erregen und die Schönheit und Komplexität Ihres Kunsthandwerks auf Etsy zu präsentieren. Dieses Kapitel konzentriert sich auf Techniken zum Aufnehmen auffälliger Produktfotos, die Ihre Angebote hervorheben.

# SO VERKAUFEN SIE AUF ETSY FÜR ANFÄNGER 2024

**Die Bedeutung exzellenter Produktbilder:**

Hochwertige Fotos sind unerlässlich, um Online-Kunden anzulocken. Beim Durchsuchen von Etsy verlassen sich potenzielle Kunden bei ihrer Kaufentscheidung stark auf Produktfotos. Klare, detaillierte und optisch ansprechende Bilder schaffen ein Gefühl von Professionalität und Vertrauen und erhöhen die Wahrscheinlichkeit von Conversions und Käufen.

**Aufbau und Ausstattung:** Während professionelle Fotoausrüstung die Fotoqualität verbessern kann, ist für schöne Produktbilder nicht immer eine teure Einrichtung erforderlich. Hier sind einige grundlegende Ressourcen und Ideen:

- **Kamera:** Nutzen Sie eine Digitalkamera mit manuellen Einstellungen oder eine hochauflösende Kamera Ihres Smartphones. Mit den richtigen Techniken können beide Optionen hervorragende Ergebnisse liefern.

- **Stativ:** Erwägen Sie die Verwendung eines Stativs, um Ihre Kamera stabil zu halten, Stabilität zu gewährleisten und unscharfe Aufnahmen zu vermeiden.

- **Beleuchtung:** Eine gute Beleuchtung ist für die Produktfotografie unerlässlich. Stellen Sie es in der Nähe eines Fensters oder an einem gut beleuchteten Ort auf, da natürliches Licht oft die beste Option ist. Alternativ können Sie in erschwingliche Beleuchtungssets oder Leuchtkästen investieren, um gleichmäßige und kontrollierte Lichtverhältnisse zu schaffen.

- **Hintergrund:** Wählen Sie einen schlichten, übersichtlichen Hintergrund, der nicht von Ihren Waren ablenkt. Für die meisten Produkte eignet sich ein einfacher weißer oder neutraler Hintergrund gut. Weiße Schaumstoffplatten oder Stoff sind kostengünstige Alternativen.

- **Requisiten und Styling:** Abhängig von Ihrem Produkt kann die Verwendung von Requisiten oder Zubehör zur Verbesserung der optischen Attraktivität angebracht sein. Integrieren Sie zusätzliche Elemente, die die Vorteile Ihres Produkts hervorheben oder mögliche Anwendungsmöglichkeiten aufzeigen.

Fototechniken:

Um überzeugende Produktfotos aufzunehmen, müssen effektive Techniken angewendet werden:

- **Fokus auf Komposition:** Achten Sie auf die Anordnung Ihrer Produkte innerhalb des Rahmens. Stellen Sie sicher, dass sie im Mittelpunkt stehen und die Komposition optisch ansprechend ist.

- **Mehrere Winkel:** Erfassen Sie Ihr Produkt aus verschiedenen Blickwinkeln, um Kunden einen umfassenden Überblick zu bieten. Heben Sie einzigartige Merkmale hervor und präsentieren Sie verschiedene Perspektiven.

- **Nahaufnahmen:** Fügen Sie Nahaufnahmen hinzu, um komplizierte Details und Texturen hervorzuheben. Dadurch können Kunden die Handwerkskunst Ihrer Produkte schätzen.

- **Konsistenter Stil:** Behalten Sie bei Ihren Produktfotos einen einheitlichen Stil bei, um ein einheitliches und professionelles Erscheinungsbild zu erzielen. Dazu gehören einheitliche Beleuchtung, Hintergrund und Gesamtästhetik.

- **Bearbeitung:** Verwenden Sie nach der Aufnahme Ihrer Fotos Fotobearbeitungswerkzeuge, um Farben, Schärfe und Gesamtqualität zu verbessern. Vermeiden Sie jedoch übermäßige Bearbeitung, die das tatsächliche Produkt falsch darstellt.

Durch den Einsatz dieser Techniken und die Investition von Zeit in die Erstellung hochwertiger Produktbilder können Sie die visuelle Attraktivität Ihrer Etsy-Angebote erheblich steigern und die Wahrscheinlichkeit erhöhen, potenzielle Kunden zu gewinnen und zu konvertieren.

Struktur und Rahmen

Um eine optisch ansprechende Komposition Ihrer Produktfotos zu erzielen, bedarf es einer sorgfältigen Anordnung und Rahmung:

- **Drittelregel:** Visualisieren Sie ein Raster, indem Sie Ihr Bild vertikal und horizontal in Drittel unterteilen. Platzieren Sie das Hauptmotiv oder den Brennpunkt entlang dieser Gitterlinien oder an deren Schnittpunkten, um eine ausgewogene Komposition zu erzielen.

- **Blickwinkel und Perspektiven:** Experimentieren Sie mit verschiedenen Blickwinkeln und Ansichten, um Ihr Produkt wirkungsvoll zu präsentieren. Verwenden Sie Nahaufnahmen, um Details und Texturen hervorzuheben, und größere Aufnahmen für eine umfassendere Ansicht.

- **Produktplazierung:** Heben Sie die besonderen Qualitäten Ihres Produkts hervor, indem Sie es strategisch positionieren. Bieten Sie potenziellen Kunden ein umfassendes Verständnis durch verschiedene Perspektiven, Modifikationen oder Verwendungen.

- **Negativraum:** Lassen Sie um Ihr Produkt herum etwas Platz, um eine optisch ansprechende Komposition zu schaffen. Durch den Negativraum sticht Ihr Produkt hervor und ermöglicht es den Kunden, sich auf die Details zu konzentrieren.

*Fokus und Klarheit:*

Stellen Sie sicher, dass Ihr Produkt klar im Fokus steht, um Professionalität und Liebe zum Detail zu vermitteln:

- Verwenden Sie die manuelle Fokuseinstellung an einer Kamera mit manuellen Bedienelementen, um die vollständige Kontrolle über den Fokus zu erhalten. Machen Sie mehrere Aufnahmen und passen Sie den Fokus nach jeder Aufnahme leicht an, um scharfe Fotos zu erhalten.

- Wenn Sie ein Smartphone oder eine Kamera mit Autofokus verwenden, tippen Sie auf den Teil des Objekts, den Sie als Hauptmotiv verwenden möchten. Dies hilft der Kamera, den Fokus richtig einzustellen.

*Korrekturen und Verbesserungen:*

Werten Sie Ihre Produktfotos durch Nachbearbeitung auf:

- **Bearbeitungssoftware:** Nutzen Sie Fotobearbeitungs-Apps oder -Software wie Adobe Photoshop, Lightroom, Pixlr oder Canva, damit Ihre Fotos optimal aussehen.

- **Optimierungen:** Nehmen Sie subtile Anpassungen an Helligkeit, Kontrast und Sättigung vor, um das Gesamterscheinungsbild Ihrer Fotos zu verbessern. Vermeiden Sie übermäßige Bearbeitung, um eine realistische Darstellung zu erhalten.

- **Größenänderung und Zuschneiden:** Schneiden Sie unnötige oder störende Elemente aus und ändern Sie die

- Größe der Bilder unter Beibehaltung der Schärfe, um den Spezifikationen von Etsy zu entsprechen.
- **Konsistenz:** Sorgen Sie für ein einheitliches Erscheinungsbild in Ihrem gesamten Shop, indem Sie auf alle Produktfotos die gleichen Bearbeitungstechniken anwenden.

Iteration und Test:

Experimentieren Sie mit neuen Methoden und Ästhetiken und verfeinern Sie Ihre Produktfotografie im Laufe der Zeit basierend darauf, was für Ihre Produkte und Ihren Zielmarkt am besten funktioniert. Achten Sie auf Kundenfeedback und nehmen Sie bei Bedarf Anpassungen vor.

## OPTIMIERUNG VON PRODUKT-TAGS UND -ATTRIBUTEN

Die Optimierung von Produkt-Tags und -Attributen ist entscheidend für die Verbesserung der Sichtbarkeit und die Gewinnung von Kunden auf Etsy. In diesem Kapitel untersuchen wir die Bedeutung dieser Elemente und geben Tipps, wie Sie sie effektiv optimieren können, um die Präsenz und den Kundenstamm Ihres Shops zu erweitern.

Produktattribute und Tags verstehen:

- Produkt-Tags und -Attribute sind Schlüsselwörter und Beschreibungen, die Ihre Produkte auf Etsy klassifizieren und charakterisieren.
- Attribute stellen zusätzliche Informationen zu Ihrem Artikel bereit, z. B. Farbe, Größe, Material und Stil.

## SO VERKAUFEN SIE AUF ETSY FÜR ANFÄNGER 2024

- Tags sind kurze Wörter oder Phrasen, die die Essenz Ihres Produkts ausdrücken.

**Warum Optimierung wichtig ist:**

- Produkt-Tags und -Attribute spielen eine wichtige Rolle bei der Indexierung und Anzeige Ihrer Einträge in Suchergebnissen.
- Durch die Optimierung dieser Elemente erhöht sich die Wahrscheinlichkeit, dass Ihre Einträge in den Suchergebnissen weiter oben erscheinen und ein breiteres Publikum erreichen.

**Techniken zur Steigerung von Produktattributen und Tags:**

1. **Rechercherelevante Schlüsselwörter:**
   - Suchen Sie mithilfe von Keyword-Recherchetools nach Begriffen, die für Ihr Produkt relevant sind.
   - Versetzen Sie sich in die Lage eines potenziellen Kunden und denken Sie über dessen wahrscheinliche Suchbegriffe nach.

2. **Seien Sie konkret und detailliert:**
   - Kombinieren Sie allgemeine und spezifische Begriffe in Ihren Tags.
   - Verwenden Sie Long-Tail-Keywords für Nischenzielgruppen.
   - Fügen Sie Synonyme und alternative Begriffe hinzu.

# SO VERKAUFEN SIE AUF ETSY FÜR ANFÄNGER 2024

3. **Verwenden Sie saisonale und trendige Schlüsselwörter:**
   - Integrieren Sie Schlüsselwörter, die für Jahreszeiten und Trends relevant sind.
   - Nutzen Sie beliebte Suchanfragen zu bestimmten Jahreszeiten oder Ereignissen.

4. **Seien Sie sich der Relevanz bewusst:**
   - Stellen Sie sicher, dass Ihre Tags für Ihre tatsächlichen Produkte relevant bleiben.
   - Irreführende oder nicht zusammenhängende Tags können zu negativen Kundenerlebnissen führen.

5. **Testen und korrigieren:**
   - Überwachen Sie die Wirksamkeit Ihrer Einträge.
   - Recherchieren Sie relevante Suchbegriffe und passen Sie die Tags nach Bedarf an.
   - Verfolgen Sie, wo Ihre Produkte in den Suchergebnissen erscheinen, und treffen Sie fundierte Entscheidungen.

6. **Nutzen Sie jedes angebotene Attribut:**
   - Nutzen Sie alle verfügbaren Attribute von Etsy für verschiedene Produktkategorien.
   - Stellen Sie genaue und umfassende Informationen bereit, um sowohl SEO als auch das Kundenerlebnis zu verbessern.

7. **Untersuchen Sie erfolgreiche Listings in Ihrer Nische:**

- Studieren Sie die Tags und Attribute, die von erfolgreichen Einträgen in Ihrer Nische verwendet werden, um Erkenntnisse zu gewinnen.

- Nutzen Sie sie als Inspiration, aber vermeiden Sie direkte Nachahmung.

8. **Passen Sie sich sich ändernden Trends an:**

    - Seien Sie flexibel und passen Sie Tags und Attribute an sich ändernde Verbraucherpräferenzen und -trends an.

    - Bewerten Sie Keywords regelmäßig, um sie an die sich ändernden Markterwartungen anzupassen.

Durch die Umsetzung dieser Strategien und die konsequente Verfeinerung Ihrer Produkt-Tags und -Attribute können Sie die Sichtbarkeit Ihres Shops in den Suchergebnissen von Etsy verbessern. Eine erhöhte Präsenz führt dazu, dass mehr potenzielle Kunden Ihre Produkte entdecken, was letztendlich den Traffic und die Verkäufe für Ihren Etsy-Shop steigert. Bleiben Sie proaktiv, experimentieren Sie mit verschiedenen Schlüsselwörtern und passen Sie sich an die dynamische Landschaft der Suchoptimierung an, um Ihr Geschäftspotenzial auf Etsy zu maximieren.

# SO VERKAUFEN SIE AUF ETSY FÜR ANFÄNGER 2024

## STRATEGISCHE PREISE FÜR IHRE PRODUKTE

### SCHÄTZUNG IHRER KOSTEN UND AUSGABEN

Das Verständnis Ihrer Geschäftsausgaben ist entscheidend, um wettbewerbsfähige Preise festzulegen, die Rentabilität sicherzustellen und fundierte Entscheidungen zu treffen. Hier sind die wichtigsten Faktoren, die es zu berücksichtigen gilt:

**Kosten der verkauften Waren (COGS):**

1. **Vorräte und Rohstoffe:**
   - Berechnen Sie die Kosten für den Erwerb oder die Herstellung von Materialien, Verpackungen und zusätzlichen Teilen.

2. **Produktionskosten:**
   - Berücksichtigen Sie Herstellungsgebühren oder Arbeitskosten, wenn Sie einen Teil des Produktionsprozesses auslagern.

3. **Transportkosten:**
   - Berücksichtigen Sie Versandmaterialien, Portokosten und Verpackung für die Lieferung von Waren.

4. **Anpassungs- oder Personalisierungskosten:**
   - Berücksichtigen Sie die zusätzlichen Kosten, die mit der individuellen Anpassung jedes Artikels verbunden sind, wenn Sie solche Optionen anbieten.

## SO VERKAUFEN SIE AUF ETSY FÜR ANFÄNGER 2024

**Gemeinkosten:**

1. **Kosten für den Arbeitsplatz:**
   - Berücksichtigen Sie Miet- oder Hypothekenzahlungen für Ihren Arbeitsplatz oder Ihr Studio.

2. **Dienstprogramme:**
   - Berücksichtigen Sie Energie-, Wasser-, Heizungs- und Internetdienste.

3. **Ausrüstungskosten:**
   - Berücksichtigen Sie Miet- oder Abschreibungskosten für Geräte, Wartung, Verpackungsmaterial und Büromaterial.

4. **Marketing- und Werbekosten:**
   - Berücksichtigen Sie die Ausgaben für Webanzeigen, Social-Media-Kampagnen und Fotodienste.

5. **Professionelle Dienste:**
   - Berücksichtigen Sie die Kosten, die mit Experten wie Buchhaltern oder Anwälten für bestimmte Geschäftsaufgaben verbunden sind.

**Etsy-Kosten:**

1. **Listungsgebühren:**
   - Behalten Sie die Gebühren für jeden auf Etsy gelisteten Artikel im Auge.

# SO VERKAUFEN SIE AUF ETSY FÜR ANFÄNGER 2024

2. **Transaktions Gebühren:**
   - Etsy erhebt von jedem Verkauf eine prozentuale Gebühr, die die Zahlungsabwicklung und andere Dienstleistungen abdeckt.

3. **Gebühren für die Zahlungsabwicklung:**
   - Berücksichtigen Sie Gebühren im Zusammenhang mit der Zahlungsabwicklung, wenn Sie das System von Etsy nutzen.

**Preisstrategie:**

1. **Wettbewerbsanalyse:**
   - Recherchieren Sie Wettbewerber, um die Marktpreise für ähnliche Produkte zu verstehen.

2. **Wertorientierte Preisgestaltung:**
   - Berücksichtigen Sie den wahrgenommenen Wert Ihrer Produkte und legen Sie die Preise entsprechend fest.

3. **Gewinnspanne:**
   - Bestimmen Sie die Gewinnspanne, die Sie erzielen möchten, und berücksichtigen Sie diese in Ihrer Preisgestaltung.

4. **Kundenwahrnehmung:**
   - Messen Sie, wie Ihre Zielkunden die Preise wahrnehmen, und passen Sie sie entsprechend an.

5. **Rabatte und Sonderangebote:**
   - Planen Sie gelegentliche Rabatte oder Sonderaktionen ein, um Kunden anzulocken.

# SO VERKAUFEN SIE AUF ETSY FÜR ANFÄNGER 2024

**Regelmäßige Überprüfung:**

1. **Periodische Bewertung:**
   - Überprüfen Sie die Preise regelmäßig und passen Sie sie an veränderte Kosten oder Marktbedingungen an.

2. **Rentabilitätsanalyse:**
   - Bewerten Sie die Rentabilität Ihrer Produkte und nehmen Sie bei Bedarf Preisanpassungen vor.

3. **Kundenbewertung:**
   - Berücksichtigen Sie Kundenfeedback und -präferenzen, wenn Sie Ihre Preisstrategie verfeinern.

Indem Sie diese Faktoren sorgfältig berücksichtigen und Ihre Preisstrategie regelmäßig überprüfen, können Sie in Ihrem Etsy-Geschäft ein Gleichgewicht zwischen Wettbewerbsfähigkeit, Rentabilität und Kundenzufriedenheit herstellen.

.

## Kosten für Verpackung und Versand

Der Betrieb eines Online-Geschäfts verursacht Kosten für Verpackung und Versand, darunter:

1. **Verpackungsmaterial:**
   - Berücksichtigen Sie die Kosten für Kartons, Umschläge, Luftpolsterfolie, Seidenpapier, Klebeband und andere Verpackungsmaterialien.

2. **Versandkosten:**
   - Berücksichtigen Sie die Gebühren von Versandunternehmen wie USPS, UPS oder

FedEx, die je nach Gewicht, Größe und Bestimmungsort variieren können.

3. **Druck und Etiketten:**
   - Berücksichtigen Sie die Kosten für Versandetiketten, Rechnungen, Lieferscheine und alle erforderlichen Unterlagen.

## UNVERWANDTE KOSTEN

Berücksichtigen Sie zusätzliche, spezielle Nebenkosten für Ihren Etsy-Shop, wie zum Beispiel:

1. **Abonnementpläne:**
   - Berücksichtigen Sie monatliche oder jährliche Mitgliedsbeiträge, wenn Sie sich für ein kostenpflichtiges Abonnement wie Etsy Plus oder Etsy Premium entscheiden.

2. **Fotografie und Bearbeitung:**
   - Berücksichtigen Sie die Kosten für Fotoausrüstung, Bearbeitungssoftware oder die Beauftragung eines professionellen Fotografen.

3. **Berufliche Entwicklung:**
   - Berücksichtigen Sie die Ausgaben für Kurse, Konferenzen oder Workshops, um Ihre Fähigkeiten und Ihre berufliche Entwicklung zu verbessern.

## GESAMTKOSTEN- UND AUSGABENBERECHNUNG

Tragen Sie die Daten in einer Tabellenkalkulation oder einem Buchhaltungsprogramm zusammen, um Ihre Gesamtausgaben zu

# SO VERKAUFEN SIE AUF ETSY FÜR ANFÄNGER 2024

ermitteln, einschließlich Selbstkosten, Gemeinkosten, Etsy-Gebühren, Verpackungs- und Versandkosten und anderer Ausgaben. Diese umfassende Ansicht verschafft Ihnen einen klaren Überblick über Ihre Gesamtausgaben.

## ANALYSE UND PREISANPASSUNG

Legen Sie mit einem umfassenden Verständnis Ihrer Ausgaben Preise fest, die Ihre Kosten decken, eine faire Rendite bieten und sich an der Marktnachfrage und den Preisen der Wettbewerber orientieren. Überprüfen und aktualisieren Sie Ihre Kostenkalkulationen regelmäßig, um eine genaue Preisgestaltung und eine gesunde Gewinnspanne sicherzustellen, während sich Ihr Unternehmen weiterentwickelt.

### So schätzen Sie Gewinnmargen ein

Für den Betrieb eines profitablen Etsy-Shops ist es von entscheidender Bedeutung, die Gewinnmargen zu verstehen und zu berechnen. Die Gewinnspanne stellt den Teil des Umsatzes dar, der nach Abzug aller Kosten als Gewinn verbleibt. So berechnen und maximieren Sie Ihre Gewinnmargen:

### Berechnung der Gewinnspanne

Berücksichtigen Sie bei der Berechnung der Gewinnmarge sowohl den Umsatz als auch die Kosten:

```
Gewinnmarge = (Umsatz − (Kosten + Betriebskosten) Umsatz) × 100 Gewinnspanne = (Umsatz − Umsatz + Betriebskosten) × 100
```

## SO VERKAUFEN SIE AUF ETSY FÜR ANFÄNGER 2024

1. **Einnahmen:**
   - Der Gesamtverkaufsbetrag, berechnet durch Multiplikation der Warenkosten mit der Anzahl der verkauften Einheiten.

2. **Kosten:**
   - Beinhaltet die Kosten der verkauften Waren (COGS) und die Betriebskosten.

A. **COGS:**
   - Direkte Ausgaben in der Produktion, wie z. B. Material, Herstellungskosten, Verpackungskosten.

B. **Betriebsaufwand:**
   - Indirekte Kosten für den Betrieb des Unternehmens, einschließlich Versand, Etsy-Gebühren, Werbung und Verwaltungskosten.

## MAXIMIERUNG DER GEWINNMARGEN

1. **Intelligente finanzielle Ziele:**
   - Legen Sie realistische finanzielle Ziele fest, die auf einem klaren Verständnis der Gewinnmargen basieren.

2. **Kostenminimierung:**
   - Minimieren Sie die Kosten, indem Sie die Ausgaben im Zusammenhang mit Produktion und Betrieb effizient verwalten.

3. **Intelligente Preisgestaltung:**
   - Bestimmen Sie die Preise, die die Kosten decken, Gewinne bringen und sich an der Marktnachfrage orientieren.

4. **Regelmäßige Auswertung:**
    - Überprüfen und aktualisieren Sie Preisstrategien regelmäßig basierend auf Kostenänderungen, Marktbedingungen und Geschäftswachstum.

Indem Sie sich auf Gewinnmargen konzentrieren, können Sie fundierte Finanzentscheidungen treffen, wettbewerbsfähige Preise festlegen und den langfristigen Erfolg Ihres Etsy-Shops sicherstellen.

## Optimierung der Gewinnmargen

Nachdem Sie ein umfassendes Verständnis der Gewinnmargen erlangt haben, ergreifen Sie strategische Maßnahmen, um die Rentabilität zu maximieren:

1. **Skaleneffekte:**
    - Nutzen Sie Skaleneffekte, wenn Ihr Unternehmen expandiert. Optimieren Sie Produktionsprozesse, verhandeln Sie mit Lieferanten über Rabatte bei Großbestellungen und erkunden Sie Möglichkeiten zur Steigerung des Verkaufsvolumens und zur Senkung der Stückkosten.

2. **Produktunterscheidung:**
    - Differenzieren Sie Ihre Produkte, indem Sie Wert auf Qualität, einzigartige Designs und exzellenten Kundenservice legen. Ein starker Markenruf und unverwechselbare Produkte sorgen für eine Hebelwirkung bei der Preisgestaltung, sodass Sie höhere Gewinnspannen erzielen können.

3. **Regelmäßige Finanzanalyse:**
   - Überwachen Sie regelmäßig die finanzielle Leistung und Gewinnmargen. Analysieren Sie Ausgaben, Verkaufsdaten und Markttrends, um Verbesserungsmöglichkeiten zu identifizieren. Regelmäßige Auswertungen helfen Ihnen, fundierte Entscheidungen zu treffen, sich an Veränderungen anzupassen und die Rentabilität im Laufe der Zeit zu maximieren.

Denken Sie daran, dass die Gewinnmargen je nach Produkt oder Produktlinie variieren können und nicht festgelegt sind. Analysieren Sie die Margen für jedes Produkt einzeln, um die Hauptfaktoren für die Gesamtrentabilität zu identifizieren. Überprüfen und passen Sie Ihre Preis- und Kostenstruktur regelmäßig an, um gesunde Gewinnspannen aufrechtzuerhalten und den anhaltenden Erfolg Ihres Etsy-Geschäfts sicherzustellen.

## PREISMANAGEMENT-STRATEGIEN FÜR EINEN WETTBEWERBSVORTEIL

Sorgfältige Preisstrategien können Ihnen im vielfältigen Etsy-Markt einen Wettbewerbsvorteil verschaffen. Für den langfristigen Erfolg ist es unerlässlich, ein Gleichgewicht zwischen der Gewinnung von Kunden und der Aufrechterhaltung der Rentabilität zu erreichen. Entdecken Sie verschiedene Preistaktiken, um sich abzuheben und die Aufmerksamkeit potenzieller Kunden zu gewinnen:

1. **Cost-Plus-Preise:**
   - Berechnen Sie den Verkaufspreis, indem Sie einen Aufschlag auf die Kosten Ihrer Waren hinzufügen. Berücksichtigen Sie bei der

# SO VERKAUFEN SIE AUF ETSY FÜR ANFÄNGER 2024

Auswahl Ihres Aufschlagsprozentsatzes Faktoren wie den wahrgenommenen Wert, die Marktnachfrage und den Wettbewerb. Beobachten Sie regelmäßig die Marktbedingungen und passen Sie die Preise entsprechend an.

2. **Wertorientierte Preisgestaltung:**

   - Richten Sie Preise darauf aus, wie Kunden den Wert Ihrer Produkte wahrnehmen, und berücksichtigen Sie dabei Elemente wie Originalität, Handwerkskunst und Qualität. Spiegeln Sie die Einzigartigkeit oder hervorragende Qualität Ihrer Waren in der Preisgestaltung wider. Erheben Sie höhere Preise für Produkte, die den Kunden einen Mehrwert bieten.

3. **Wettbewerbsfähige Preisanpassung:**

   - Legen Sie Preise fest, die mit denen der Konkurrenz vergleichbar oder leicht darunter liegen, um preisbewusste Kunden anzulocken. Vermeiden Sie einen Preiskampf; Stattdessen differenzieren Sie Ihr Geschäft durch außergewöhnlichen Kundenservice oder besondere Merkmale.

4. **Premium-Preise:**

   - Erheben Sie höhere Preise, um Ihre Produkte als selten oder luxuriös zu positionieren. Heben Sie die Kunstfertigkeit, Materialien oder Handwerkskunst hervor, um ein Gefühl von Wert zu schaffen. Premium-Preise können dazu beitragen, einen guten Ruf für Qualität aufzubauen und wohlhabende Kunden anzulocken.

5. **Aktionspreise:**
   - Bieten Sie vorübergehende Rabatte oder exklusive Angebote an, um Kunden anzulocken und ein Gefühl der Dringlichkeit zu erzeugen. Veranstalten Sie Tagesangebote, „Kaufe-eins-erhalte-eins"-Aktionen oder gewähren Sie treuen Kunden Rabatte. Stellen Sie sicher, dass die Aktionspreise mit Ihrer gesamten Preisstruktur und Ihren Rentabilitätszielen übereinstimmen.

Denken Sie daran, Ihre Preisstrategie basierend auf der Marktdynamik, dem Kundenverhalten und den Veränderungen in Ihrem Unternehmen anzupassen. Ein durchdachter Preisansatz kann Ihre Wettbewerbsposition verbessern und zu nachhaltigem Erfolg auf Etsy beitragen.

Adaptive Preisgestaltung

Führen Sie dynamische Preisstrategien ein, die es Ihnen ermöglichen, Preise als Reaktion auf Marktveränderungen, Nachfrageschwankungen oder Lagerbestände anzupassen. Überwachen Sie Wettbewerbspreise, saisonale Nachfrage und Marktmuster, um Echtzeitpreise festzulegen. Dynamische Preisgestaltung hilft Ihnen, in einem dynamischen Markt wettbewerbsfähig zu bleiben und Ihre Gewinne zu maximieren.

**Staffelpreise und Bündelung:** Implementieren Sie gestaffelte Preise oder Bündelungsstrategien, um auf unterschiedliche Kundenpräferenzen und Budgets einzugehen. Durch die Bündelung zusammengehöriger Artikel können Sie diese im Vergleich zum Einzelkauf zu einem reduzierten Preis verkaufen. Die gestaffelte Preisgestaltung bietet Kunden Optionen zu unterschiedlichen Preisen, sodass sie die beste Lösung für ihre Bedürfnisse und ihr Budget auswählen können.

**Iteration und Test:** Betrachten Sie die Preisgestaltung als einen fortlaufenden Prozess und nicht als eine einmalige Entscheidung. Überwachen Sie Preisentscheidungen kontinuierlich, bewerten Sie deren Auswirkungen auf Umsatz und Gewinn und holen Sie Kundenfeedback ein. Experimentieren Sie mit verschiedenen Preisstrategien und passen Sie sie basierend auf den gesammelten Erkenntnissen an. Verfeinern Sie Ihre Preisstrategie durch Tests und Iteration, um die optimale Balance für einen Wettbewerbsvorteil zu finden.

Ganz gleich, welche Preisstrategie Sie verfolgen – sei es Cost-Plus-Preisgestaltung, wertorientierte Preisgestaltung, wettbewerbsfähige Preisgestaltung, Premium-Preisgestaltung oder eine Kombination davon – bleiben Sie flexibel, bleiben Sie auf dem Laufenden über Markttrends und seien Sie bereit, Ihre Tarife bei Bedarf anzupassen. Strategische Preisgestaltung kann Ihnen einen Wettbewerbsvorteil verschaffen und auf dem umkämpften Etsy-Markt erfolgreich sein.

## DIE PREISFORMEL

Eine einfache und bewährte Preisformel kann Ihnen dabei helfen, den optimalen Preis für Ihre Produkte zu ermitteln. Diese Formel war die Grundlage vieler erfolgreicher Unternehmen und lautet wie folgt:

**Materialien + Arbeit + Gemeinkosten + Gewinn = Großhandelspreis**

**Großhandelspreis × 2 = Einzelhandelspreis**

Lassen Sie uns nun jede Komponente dieser Preisgleichung aufschlüsseln:

**Materialien:** Beinhaltet die Kosten aller in Ihrem Produkt verwendeten Komponenten. Wenn Sie beispielsweise Elfenpuppen herstellen, umfasst dies die Kosten für Stoff, Füllung, Knöpfe, Bänder, Garn und sogar kleine Gegenstände

# SO VERKAUFEN SIE AUF ETSY FÜR ANFÄNGER 2024

wie Garn. Es ist praktisch, diese Kosten stapelweise zu berechnen, indem Sie Materialien für mehrere Artikel kaufen und diese aufteilen, um die Kosten pro Artikel zu erhalten.

**Arbeit:** Bewertet die Zeit, die für die Erstellung des Artikels aufgewendet wurde, und den entsprechenden Stundensatz. Rechnen Sie mit einem fairen Lohn und vermeiden Sie eine Unter- oder Überschätzung Ihrer Zeit. Es ist wichtig, einen ausgewogenen Ansatz zu finden.

**Gemeinkosten:** Stellt die jedem Artikel zugeordneten Kosten dar, die durch Aggregierung aller geschäftsbezogenen Ausgaben und Division durch die Anzahl der zu verkaufenden Artikel ermittelt werden. Dazu gehören Büromaterial, Verpackungsmaterial, Website-Hosting-Gebühren, Kosten für Geschäftsbankkonten, Studiomiete, Steuerhonorare und langfristige Ausgaben wie Gerätereparaturen.

**Profitieren:** Spiegelt Ihren persönlichen Wert wider und vereint Energie, Kreativität und einzigartiges Talent. Die Gewinnabrechnung gewährleistet einen fairen und nachhaltigen Großhandelspreis. Einige können diesen Preis verdoppeln, während andere ihn höher oder niedriger ansetzen – die Festlegung des Gewinns liegt in Ihrem Ermessen.

**Gemeinkosten insgesamt ÷ Anzahl der Verkäufe = Betrag pro Artikel**

Indem Sie dieser Preisformel folgen, können Sie wettbewerbsfähige und dennoch profitable Groß- und Einzelhandelspreise für Ihre Produkte festlegen. Bewerten Sie diese Zahlen regelmäßig neu, um sie an veränderte Ausgaben oder Marktbedingungen anzupassen.

### Die Formel in die Praxis umsetzen

Lassen Sie uns die Preisformel anhand eines Beispiels veranschaulichen:

# SO VERKAUFEN SIE AUF ETSY FÜR ANFÄNGER 2024

**Sarahs handgefertigter Schmuck:**

Sarah kreiert einzigartigen handgefertigten Schmuck aus Halbedelsteinen, Sterlingsilber und zarter Perlenarbeit. Ihre Designs sind aufwendig und sie legt Wert auf hochwertige Materialien.

**Materialien:**

- Edelsteine: Die durchschnittlichen Materialkosten für eine einzelne Halskette betragen 30 $.

**Arbeit:**

- Die Herstellung jeder Halskette dauert bei Sarah etwa 4 Stunden, was einem Zeitaufwand von 15 US-Dollar pro Stunde entspricht, was einem Arbeitsaufwand von insgesamt 60 US-Dollar entspricht.

**Gemeinkosten:**

- Die monatlichen Gemeinkosten für Artikel wie Perlentabletts, Werkzeuge, Verpackungsmaterialien und einen Teil der Stromrechnungen belaufen sich auf 100 US-Dollar. Bei 30 Verkäufen pro Monat beträgt der Overhead pro Artikel 3,33 $.

**Profitieren:**

- Unter Berücksichtigung ihrer Kreativität, ihres Könnens und ihrer Zeit fügt Sarah zu jeder Halskette einen Gewinn von 40 $ hinzu.

**Berechnung des Großhandelspreises:**

- Materialien (30 $) + Arbeit (60 $) + Gemeinkosten pro Artikel (100 $ ÷ 30 Verkäufe = 3,33 $) + Gewinn (40 $) = 133,33 $

**Berechnung des Einzelhandelspreises:**

- Großhandelspreis (133,33 $) × 2 = 266,66 $

Sarahs Großhandelspreis beträgt 133,33 $ und ihr Einzelhandelspreis 266,66 $. Diese Preisstrategie stellt sicher, dass sie ihre Kosten deckt, einen fairen Gewinn erzielt und ihren Kunden ihren einzigartigen handgefertigten Schmuck anbietet.

## DIE BEDEUTUNG DER EINZEL- UND GROSSHANDELSPREISE

Es ist wichtig, dass Sie sich an den tatsächlichen Einzelhandelspreis Ihrer Produkte halten, auch wenn manche darüber nachdenken, auf den Einzelhandelsaufschlag zu verzichten. Es ist wichtig, die Gründe für diese Strategie zu verstehen:

**Verkauf an Wiederverkäufer:**

- Wiederverkäufer wie Geschäfte, Galerien und Kataloge benötigen häufig Artikel zu einem reduzierten Preis, weil sie ihren eigenen Aufschlag hinzufügen. Für den Umgang mit Wiederverkäufern ist die Festlegung eines Großhandelspreises erforderlich, der Rentabilität ermöglicht.

**Glaubwürdigkeit wahren:**

- Deutlich niedrigere Einzelhandelspreise im Vergleich zu ähnlichen Online-Produkten können Zweifel an der Qualität Ihres Produkts aufkommen lassen. Durch die richtige Preisgestaltung wird der Wert Ihrer Waren deutlich, und die Wahrscheinlichkeit, dass Kunden Produkte zu einem angemessenen Preis zu schätzen wissen, steigt.

**Nachhaltigkeit und Qualität:**

- Weniger Waren zu einem vernünftigen Preis zu verkaufen ist nachhaltiger und befriedigender als die Massenproduktion von Artikeln zu niedrigeren Preisen. Das Ziel der handgefertigten Handwerkskunst ist die Bereitstellung einzigartiger, authentischer Luxusprodukte.

**Flexibilität für Werbeaktionen:**

- Die Festlegung eines echten Einzelhandelspreises bietet die Flexibilität, Werbeaktionen durchzuführen, gebündelte Produkte anzubieten, neue Kunden zu gewinnen, Treue zu belohnen, besondere Anlässe zu markieren und veraltete Waren auszusortieren.

**Anpassen Ihrer Preise:**

Wenn Ihr Verkaufspreis im Vergleich zu ähnlichen Produkten überhöht erscheint, gibt es wirksame Möglichkeiten, dies zu beheben, ohne von der Preisformel abzuweichen. Sie können entweder Wege finden, die Produktionskosten zu senken oder den Wert Ihrer Produkte zu steigern.

- Produktionskosten senken: Entdecken Sie Möglichkeiten, die Produktionskosten zu senken, ohne die Qualität zu beeinträchtigen. Dies könnte eine effizientere Materialbeschaffung, eine Rationalisierung des Produktionsprozesses oder die Suche nach kostengünstigeren Lieferanten beinhalten.

- Mehrwert schaffen: Anstatt sofort die Preise zu senken, betonen Sie die außergewöhnliche Qualität und Einzigartigkeit Ihrer Produkte durch detaillierte Beschreibungen und auffällige Bilder. Wenn Kunden den außergewöhnlichen Wert erkennen, den sie erhalten, sind sie eher bereit, einen höheren Preis zu zahlen.

## SO VERKAUFEN SIE AUF ETSY FÜR ANFÄNGER 2024

Indem Sie ein Gleichgewicht zwischen fairen Preisen und Produktwert wahren, können Sie Glaubwürdigkeit aufbauen, Wiederverkäufer anziehen und ein nachhaltiges Geschäftsmodell für Ihr handgefertigtes Kunsthandwerk schaffen.

# SO VERKAUFEN SIE AUF ETSY FÜR ANFÄNGER 2024

## TEIL III

## MAXIMIEREN SIE DIE SICHTBARKEIT IHRES ETSY-SHOPS

Du hast ein tolles Produkt und atemberaubende Bilder, aber dein Etsy-Shop erhält nicht die Aufmerksamkeit, die er verdient. Der fehlende Link könnte in Ihrer Etsy-SEO-Strategie liegen. Bei Etsy SEO geht es darum, die Sichtbarkeit Ihres Shops auf der Plattform zu optimieren, um die Konkurrenz in den Schatten zu stellen und den Umsatz anzukurbeln. Dazu gehören Strategien zur Verbesserung der Sichtbarkeit sowohl auf Etsy als auch auf externen Suchmaschinen wie Google.

## SO VERWENDEN SIE DIE ETSY-SUCHE

Der Etsy-Suchprozess umfasst zwei Schlüsselphasen: Suchanfragenabgleich und Ranking.

**1. Abfrageabgleich:**

- Der Algorithmus von Etsy analysiert Benutzeranfragen, um deren Absicht zu ermitteln.

- Der Algorithmus berücksichtigt verschiedene Faktoren wie Relevanz, Qualitätsfaktor und Aktualität, um Produkte auf der Suchergebnisseite einzustufen.

**2. SEO-Ranking-Faktoren für Etsy:**

- **Relevanz:** Je besser Ihre Tags, Merkmale, Produktbeschreibungen und Titel mit den Suchbegriffen der Benutzer übereinstimmen, desto höher ist Ihr Ranking.

- **Bewertung der Angebotsqualität:** Etsy überwacht die Benutzerinteraktion mit Ihrem Eintrag. Ein höherer Qualitätsfaktor wird erreicht, wenn Ihre Produkte mit der

Suche eines Nutzers übereinstimmen und dieser mehr Zeit mit Ihrer Anzeige verbringt. Umgekehrt deutet ein kurzes An- und Ausklicken auf nicht übereinstimmende oder unattraktive Produkte hin.

- **Neuheit:** Neue Einträge erhalten einen Suchschub. Etsy wertet die Interaktionen aus und entscheidet nach einigen Tagen auf der Grundlage des Kunden- und Marktfeedbacks über die Position des Eintrags.

- **Versandkosten:** Etsy bevorzugt Angebote mit kostenlosem Versand. Berücksichtigen Sie daher die Versandkosten im Produktpreis, um ein höheres Ranking zu erzielen.

- **Personalisierte Suche:** Etsy nutzt maschinelles Lernen, um Suchergebnisse zu personalisieren. Auch wenn dies zu subjektiven Einträgen führt, ist die Umsetzung von SEO-Taktiken dennoch entscheidend für das allgemeine Vertrauen in Suchmaschinen.

- **Sprache:** Verfassen Sie Ihre Einträge in der von Ihnen gewählten Sprache. Etsy empfiehlt, Einträge in weiteren Sprachen zu erstellen, um eine genauere Übersetzung und eine bessere internationale Suchmaschinenoptimierung zu erreichen.

Um Ihren Etsy-Shop für die Suche zu optimieren, müssen Sie diese Faktoren verstehen und umsetzen, um die Sichtbarkeit zu verbessern und mehr potenzielle Kunden anzulocken. Es handelt sich um einen fortlaufenden Prozess, der regelmäßige Aktualisierungen und Anpassungen erfordert, um auf dem Etsy-Marktplatz wettbewerbsfähig zu bleiben.

# SO VERKAUFEN SIE AUF ETSY FÜR ANFÄNGER 2024

## SO VERBESSERN SIE DIE SICHTBARKEIT IHRES SHOPS

Die Verbesserung der Sichtbarkeit Ihres Etsy-Shops ist entscheidend, um mehr Kunden anzulocken. Hier sind einige wirksame Strategien:

**1. Wählen Sie relevante Schlüsselwörter:**

- Verwenden Sie relevante Schlüsselwörter in Ihrem Shop-Titel, Ihren Tags, Beschreibungen und Produktnamen.

- Führen Sie eine umfassende Keyword-Recherche durch, um beliebte und relevante Begriffe im Zusammenhang mit Ihren Produkten zu finden.

- Nutzen Sie manuelle Methoden, wie z. B. das Durchsuchen von Vorschlägen zur automatischen Vervollständigung auf Etsy und Google, um potenzielle Schlüsselwörter zu entdecken.

- Erwägen Sie die Verwendung von Keyword-Recherchetools wie SEMrush, um die Beliebtheit bestimmter Suchbegriffe zu ermitteln.

**2. Wählen Sie einen Shop-Namen, der leicht zu finden ist:**

- Ihr Shopname dient als Seitentitel und hinterlässt den ersten Eindruck bei Suchmaschinen.

- Wählen Sie einen Namen, der für die von Ihnen angebotenen Produkte relevant ist, damit Kunden Ihr Geschäft leichter finden können.

- Integrieren Sie häufig verwendete Suchbegriffe zu Ihren Produkten in den Namen Ihres Shops, um die Auffindbarkeit zu verbessern.

# SO VERKAUFEN SIE AUF ETSY FÜR ANFÄNGER 2024

**3. Verwenden Sie Zielschlüsselwörter in Shop-Informationen:**

- Integrieren Sie Zielschlüsselwörter in Ihre Shop-Informationen, einschließlich des Abschnitts „Über" und der Richtlinien.

- Stellen Sie detaillierte und schlüsselwortreiche Produktbeschreibungen bereit, um die Sichtbarkeit in der Suche zu verbessern.

**4. Nutzen Sie Social-Media-Profile:**

- Nutzen Sie Ihre Social-Media-Profile, um den Verkehr zu Ihrem Etsy-Shop zu steigern.

- Teilen Sie hochwertige Bilder Ihrer Produkte und interagieren Sie mit Ihrem Publikum auf Plattformen wie Instagram, Facebook und Pinterest.

**5. Vollständige Store-Details für ausgewählte Einträge:**

- Vervollständigen Sie alle Angaben zu Ihrem Shop, um die Chancen zu erhöhen, von Etsy vorgestellt zu werden.

- Hervorgehobene Einträge gewinnen an Sichtbarkeit und führen dazu, dass mehr potenzielle Kunden Ihre Produkte entdecken.

**6. Backlinks erstellen:**

- Generieren Sie Backlinks zu Ihrem Etsy-Shop von seriösen Websites.

- Backlinks können die Autorität und Sichtbarkeit Ihres Shops in Suchmaschinen verbessern.

**7. Sammeln Sie positives Feedback:**

- Ermutigen Sie zufriedene Kunden, positives Feedback zu Ihren Produkten und Ihrem Shop zu hinterlassen.

- Positive Bewertungen schaffen Vertrauen und können potenzielle Käufer dazu bewegen, sich für Ihre Produkte zu entscheiden.

**8. Aktivieren Sie Google Analytics:**

- Aktivieren Sie Google Analytics für Ihren Etsy-Shop, um wichtige Kennzahlen zu überwachen.
- Die Analyse von Daten wie Traffic-Quellen, Kundenverhalten und beliebten Produkten kann Ihnen dabei helfen, fundierte Entscheidungen zur Optimierung Ihres Shops zu treffen.

Die Umsetzung dieser Strategien kann die Sichtbarkeit Ihres Etsy-Shops verbessern, mehr Kunden anziehen und zum Gesamterfolg Ihres Online-Geschäfts beitragen.

## SO ÄNDERN SIE DEN NAMEN IHRES GESCHÄFTS

Wenn Sie den Namen Ihres Etsy-Shops ändern müssen, können Sie die folgenden Schritte ausführen:

1. Gehen Sie zum Shop-Manager:
   - Navigieren Sie zu Ihrem Shop-Manager auf Etsy.
2. Zugriffseinstellungen:
   - Scrollen Sie in der Menüleiste nach unten, bis Sie „Einstellungen" finden, und klicken Sie darauf.
3. Wählen Sie Info & Aussehen:
   - Wählen Sie im Menü „Einstellungen" die Option „Info & Darstellung".
4. Klicken Sie auf Shop-Name:

# SO VERKAUFEN SIE AUF ETSY FÜR ANFÄNGER 2024

- Klicken Sie unter „Info & Erscheinungsbild" auf die Registerkarte „Shopname".

5. Shop-Namen ändern:
   - Ändern Sie den Namen Ihres Shops wie gewünscht.

6. Bestätigen Sie die Änderung:
   - Nach dem Speichern der Änderungen erscheint eine Bestätigungsseite. Bestätigen Sie Ihre Auswahl.

Bitte beachten Sie, dass Etsy bis zu fünf Namensänderungen für Ihren Shop zulässt. Nach Erreichen dieser Grenze müssen Sie für alle weiteren Namensänderungen eine Genehmigung einholen.

## OPTIMIERUNG DER ANGEBOTE MIT TARGET-KEYWORDS:

1. **Zielschlüsselwörter in die Eintragsdetails aufnehmen:**
   - Stellen Sie sicher, dass Ihre Eintragsdetails, einschließlich Beschreibungen und Titel, Zielschlüsselwörter enthalten.
   - Nutzen Sie informative und schlüsselwortreiche Beschreibungen, um die Suchoptimierung zu verbessern.

2. **Alle verfügbaren Tags verwenden:**
   - Etsy erlaubt bis zu 13 Tags für jeden Eintrag. Verwenden Sie alle verfügbaren Tags mit Bedacht.
   - Längere Schlüsselwörter können aufgrund der Beschränkung auf 20 Zeichen pro Tag eine

Herausforderung darstellen. Erwägen Sie, längere Begriffe in zwei Tags aufzuteilen.

- Vermeiden Sie die Wiederholung von Tags und seien Sie so beschreibend wie möglich. Vergleichen Sie Ihre Tags mit denen der Konkurrenz.

3. **Eintragsüberschriften optimieren:**

    - Die Titel Ihrer Einträge können bis zu 140 Zeichen lang sein. Nutzen Sie diesen Platz, um gezielte Schlüsselwörter einzufügen.

    - Stellen Sie sicher, dass die Überschriften Ihrer Einträge mit Ihren Tags und Zielschlüsselwörtern übereinstimmen, damit der Suchalgorithmus von Etsy eine effektive Übereinstimmung gewährleistet.

Indem Sie Zielschlüsselwörter in Ihre Eintragsdetails integrieren, alle verfügbaren Tags verwenden und die Eintragsüberschriften optimieren, können Sie die Suchsichtbarkeit Ihrer Produkte auf Etsy verbessern und potenzielle Kunden anziehen.

## OPTIMIERUNG DER ANGEBOTBESCHREIBUNGEN AUF ETSY

Etsy hat angekündigt, dass sein Suchalgorithmus ab 2022 Beschreibungen von Einträgen berücksichtigen wird. Hier sind einige Tipps zur Optimierung Ihrer Eintragsbeschreibungen auf Etsy:

1. **Vermeiden Sie das Kopieren von Titeln:**

    - Vermeiden Sie es, Ihren Produkttitel einfach in die Beschreibung zu kopieren. Geben Sie

# SO VERKAUFEN SIE AUF ETSY FÜR ANFÄNGER 2024

   zusätzliche Informationen und Details zum Produkt an.

2. **Top-Keywords einbeziehen:**
   - Integrieren Sie einige Ihrer Top-Keywords auf natürliche Weise in die Beschreibung. Stellen Sie sicher, dass der Eintrag authentisch ist und gleichzeitig für die Suche optimiert ist.

3. **Geben Sie wesentliche Details an:**
   - Vernachlässigen Sie wichtige Informationen zu Ihrem Produkt nicht. Bieten Sie alle notwendigen Details an und behalten Sie dabei einen gesprächigen und menschlichen Ton bei.

Denken Sie daran, Ihre Beschreibungen im Hinblick auf potenzielle Käufer zu verfassen. Bieten Sie umfassende Informationen zu Ihrem Produkt auf verständliche Art und Weise und vermeiden Sie roboterhafte oder übermäßig formale Sprache.

VERWENDUNG VON LISTING-ATTRIBUTEN:

Etsy ermöglicht es Benutzern, Suchergebnisse mithilfe von Eintragsattributen einzugrenzen. Nutzen Sie diese Funktion, indem Sie Ihr Produkt ausführlich beschreiben, einschließlich seiner Bestandteile und Nachhaltigkeit. Berücksichtigen Sie beim Hinzufügen von Attributen die folgenden Fragen:

- Könnte Ihr Produkt auf eine bestimmte Jahreszeit oder ein bestimmtes Ereignis zugeschnitten sein?

- Ist es für eine bestimmte Person, ein bestimmtes Tier oder einen bestimmten Zweck konzipiert?

# SO VERKAUFEN SIE AUF ETSY FÜR ANFÄNGER 2024

Indem Sie diese Fragen anhand von Attributen beantworten, stellen Sie spezifischere Details zu Ihrem Produkt bereit und erleichtern es potenziellen Käufern, das Gesuchte zu finden.

### SOCIAL MEDIA MARKETING FÜR ETSY:

Die Nutzung von Social-Media-Plattformen kann Ihrem Etsy-Shop in Bezug auf Marketing und SEO erhebliche Vorteile bringen. Hier sind die Schritte für den Einstieg auf verschiedenen Plattformen:

1. **Facebook:**
   - Erstellen Sie eine Facebook-Unternehmensseite für Ihren Etsy-Shop.
   - Teilen Sie ansprechende Inhalte wie Produktfotos, Werbeaktionen und Updates.
   - Verwenden Sie in Ihren Beiträgen relevante Schlüsselwörter und Beschreibungen.

2. **Twitter:**
   - Richten Sie ein Twitter-Konto für Ihren Etsy-Shop ein.
   - Twittern Sie über Ihre Produkte, Werbeaktionen und Branchentrends.
   - Verwenden Sie relevante Hashtags, um die Sichtbarkeit zu erhöhen.

3. **Pinterest:**
   - Erstellen Sie Pinterest-Boards für Ihre Produkte und verwandte Themen.
   - Pinnen Sie hochwertige Bilder Ihrer Produkte mit ausführlichen Beschreibungen.

- Verwenden Sie Schlüsselwörter und Hashtags in Ihren Pins.

4. **Instagram:**

    - Richten Sie ein Instagram-Geschäftskonto für Ihren Etsy-Shop ein.
    - Teilen Sie optisch ansprechende Bilder Ihrer Produkte.
    - Nutzen Sie Instagram Stories und IGTV für zusätzliches Engagement.

Aktualisieren Sie regelmäßig Ihre Social-Media-Profile, interagieren Sie mit Ihrem Publikum und verwenden Sie relevante Schlüsselwörter, um die Sichtbarkeit Ihres Shops zu verbessern und den Verkehr von Social-Media-Plattformen zu Ihrem Etsy-Shop zu steigern.

---

1. **Erstellen Sie ein persönliches Profil (falls Sie es noch nicht getan haben):**

    - Besuchen Sie Facebook und eröffnen Sie mit Ihrem Namen und Ihrer E-Mail-Adresse ein persönliches Konto.

2. **Richten Sie eine Facebook-Unternehmensseite ein:**

    - Klicken Sie in Ihrem persönlichen Profil auf den Pfeil oben rechts und wählen Sie „Seite erstellen".
    - Wählen Sie „Unternehmen oder Marke" und befolgen Sie die Anweisungen, um Ihre Unternehmensseite einzurichten.

3. **Optimieren Sie Ihre Seite:**
   - Fügen Sie ein Profilbild und ein Titelbild hinzu, die Ihre Marke repräsentieren.
   - Füllen Sie den Abschnitt „Über" mit einer kurzen Beschreibung Ihres Shops, Kontaktinformationen und einem Website-Link aus.

4. **Posten Sie ansprechende Inhalte:**
   - Teilen Sie hochwertige Bilder Ihrer Produkte, Einblicke hinter die Kulissen und Updates zu Ihrem Shop.
   - Interagieren Sie mit Ihren Followern, indem Sie umgehend auf Kommentare und Nachrichten antworten.

5. **Verbinden Sie sich mit Ihrem Publikum:**
   - Laden Sie Freunde und Familie ein, Ihre Seite zu liken.
   - Nutzen Sie die Werbetools von Facebook, um potenzielle Kunden basierend auf ihren Interessen anzusprechen.

6. **Nutzen Sie Facebook-Shops (optional):**
   - Integrieren Sie Ihren Etsy-Shop mit Facebook Shops, damit Kunden direkt auf Facebook stöbern und einkaufen können.

# SO VERKAUFEN SIE AUF ETSY FÜR ANFÄNGER 2024

Twitter für Unternehmen einrichten:

1. **Erstellen Sie ein Twitter-Konto:**
   - Besuchen Sie Twitter und eröffnen Sie mit Ihrer E-Mail-Adresse ein Konto.

2. **Optimieren Sie Ihr Profil:**
   - Laden Sie ein Profilbild und ein Headerbild hoch, die Ihre Marke repräsentieren.
   - Schreiben Sie eine überzeugende Biografie mit einem Link zu Ihrem Etsy-Shop.

3. **Folgen Sie relevanten Konten:**
   - Finden und folgen Sie Influencern, potenziellen Kunden und Künstlerkollegen in Ihrer Nische.

4. **Regelmäßig twittern:**
   - Teilen Sie Updates zu Ihrem Shop, Werbeaktionen und ansprechende Inhalte zu Ihren Produkten.

5. **Verwenden Sie Hashtags:**
   - Fügen Sie relevante Hashtags in Ihre Tweets ein, um die Sichtbarkeit zu erhöhen und ein breiteres Publikum zu erreichen.

6. **Interagieren Sie mit Ihrem Publikum:**
   - Reagieren Sie umgehend auf Kommentare, Retweets und Nachrichten.
   - Beteiligen Sie sich an Gesprächen rund um Ihre Nische, um die Sichtbarkeit Ihres Shops zu erhöhen.

# SO VERKAUFEN SIE AUF ETSY FÜR ANFÄNGER 2024

**Pinterest für Etsy-Marketing nutzen:**

1. **Erstellen Sie ein Pinterest-Geschäftskonto:**
   - Besuchen Sie Pinterest Business und richten Sie ein Konto ein.

2. **Optimieren Sie Ihr Profil:**
   - Fügen Sie ein Profilbild, einen Firmennamen und eine Biografie hinzu, die Ihre Marke widerspiegeln.
   - Verifizieren Sie Ihre Website (Etsy-Shop), um Zugriff auf wertvolle Analysen zu erhalten.

3. **Erstellen Sie Boards und Pins:**
   - Organisieren Sie Boards zu Ihren Produkten und Ihrer Nische.
   - Pinnen Sie hochwertige Bilder Ihrer Produkte sowie Lifestyle-Aufnahmen und relevante Inhalte.

4. **Verwenden Sie Schlüsselwörter und Beschreibungen:**
   - Verwenden Sie aussagekräftige Titel und Beschreibungen für Ihre Pinnwände und Pins.
   - Fügen Sie relevante Schlüsselwörter hinzu, um die Auffindbarkeit Ihrer Inhalte zu erhöhen.

5. **Zusammenarbeiten und engagieren:**
   - Treten Sie Gruppenboards in Ihrer Nische bei, um Ihre Reichweite zu erhöhen.
   - Treten Sie mit anderen Benutzern in Kontakt, indem Sie deren Inhalte wiederholen, kommentieren und mit „Gefällt mir" markieren.

# SO VERKAUFEN SIE AUF ETSY FÜR ANFÄNGER 2024

Zusätzliche Tipps für den Erfolg:

- Konsistenz ist der Schlüssel: Aktualisieren Sie Ihre Social-Media-Konten regelmäßig mit frischen, ansprechenden Inhalten.

- Analysen und Einblicke: Nutzen Sie die von jeder Plattform bereitgestellten Analysetools, um die Leistung Ihrer Beiträge zu verfolgen und Ihr Publikum zu verstehen.

- Werbeaktionen und Giveaways: Erwägen Sie die Durchführung von Werbeaktionen oder Giveaways auf Ihren Social-Media-Plattformen, um mehr Follower und Kunden anzulocken.

- Bleiben Sie authentisch: Zeigen Sie in Ihren Beiträgen Ihren einzigartigen Stil und Ihre Persönlichkeit, um eine echte Verbindung zu Ihrem Publikum aufzubauen.

Durch die effektive Nutzung von Facebook, Twitter und Pinterest können Sie Ihre Reichweite vergrößern, den Traffic zu Ihrem Etsy-Shop steigern und letztendlich Ihren Umsatz und Umsatz steigern. Denken Sie daran, bei Ihren Bemühungen geduldig und konsequent zu sein, dann werden Sie mit der Zeit positive Ergebnisse sehen.

## Tipps zum Schreiben herausragender Social-Media-Beiträge für Ihren Etsy-Shop

1. **Spiegeln Sie die visuelle Natur von Etsy wider:**

    - Nutzen Sie den visuellen Aspekt Ihrer Etsy-Produkte in Ihren Social-Media-Beiträgen. Verwenden Sie hochwertige Bilder oder Videos, die Ihre Produkte wirkungsvoll präsentieren.

2. **Verwenden Sie Social-Media-Vorlagen:**
   - Nutzen Sie kostenlose Social-Media-Vorlagen auf Plattformen wie Canva. Diese Vorlagen sind für bestimmte Social-Networking-Plattformen konzipiert und gewährleisten für jede die richtigen Proportionen.

3. **Experimentieren Sie mit Beitragstypen:**
   - Experimentieren ist der Schlüssel. Probieren Sie verschiedene Arten von Beiträgen aus, um herauszufinden, was bei Ihrem Publikum am besten ankommt. Verschiedene Social-Media-Plattformen reagieren möglicherweise besser auf bestimmte Beitragsformate.

4. **Posten Sie regelmäßig und verfolgen Sie Interaktionen:**
   - Posten Sie regelmäßig auf allen Ihren Social-Media-Kanälen. Verfolgen und analysieren Sie die Interaktionen auf jeder Plattform, um zu verstehen, was für Ihre Marke am besten funktioniert.

5. **Automatisieren Sie das Posten mit dem Social Media Scheduler:**
   - Verwenden Sie Planungstools für soziale Medien wie das Social Media Poster, um Ihre Beiträge zu automatisieren. Dies kann Zeit sparen und eine konsistente Veröffentlichung über alle Kanäle hinweg gewährleisten.

6. **Geben Sie die Informationen ein, damit Ihr Shop vorgestellt wird:**
   - Redakteure, Merchandiser und Social-Media-Manager bei Etsy suchen nach interessanten und

suchfreundlichen Inhalten, die sie auf verschiedenen Plattformen präsentieren können. Füllen Sie Ihre Shop-Informationen aus, um Ihre Chancen zu erhöhen, vorgestellt zu werden.

7. **Pitchen Sie Ihre Geschichte für Shop-Features:**

    - Nutzen Sie das Pitch-Formular, um die Geschichte Ihres Shops zu präsentieren und die Wahrscheinlichkeit zu erhöhen, vorgestellt zu werden. Shop-Funktionen können interne Links bereitstellen, die SEO steigern und den Traffic zu Ihrem Shop steigern.

8. **Verstehen Sie die Bedeutung interner Links:**

    - Interne Links verbinden Seiten innerhalb Ihrer Website oder Plattform. Wenn Ihr Shop auf beliebten Seiten innerhalb von Etsy vorgestellt wird, kann dies für einen SEO-Boost auf weniger besuchten Seiten sorgen, beispielsweise bei Einträgen neuer Produkte.

Durch die Umsetzung dieser Tipps können Sie die Sichtbarkeit Ihres Etsy-Shops auf Social-Media-Plattformen verbessern, die Chancen erhöhen, vorgestellt zu werden, und interne Links für eine verbesserte SEO optimieren. Beständigkeit, Experimentierfreudigkeit und Engagement sind Schlüsselfaktoren für den Social-Media-Erfolg Ihres Etsy-Unternehmens.

.

## SETZEN SIE SICH UND SCHREIBEN SIE IHREN ÜBER-ABSCHNITT.

Schreiben Sie Ihren „Über"-Abschnitt so, dass potenzielle Käufer die Beweggründe für Ihr Angebot verstehen können.

## SO VERKAUFEN SIE AUF ETSY FÜR ANFÄNGER 2024

Was macht Ihr Geschäft beim Einkaufen gegenüber anderen attraktiver? Hier sollten Sie Ihre Geschichte erzählen.

Im About-Bereich können Sie emotional mit Kunden interagieren. Zeigen Sie ihnen, warum sie sich für Ihr Geschäft interessieren sollten und warum die Dinge, die Sie anbieten, besonders und wertvoll sind.

Darüber hinaus ist es ein hervorragender Ort, um einige Ihrer aus SEO-Sicht wichtigen Phrasen zu integrieren. Sie können damit aber auch Backlinks zu Websites Ihres Unternehmens außerhalb von Etsy senden.

### Lasst uns schießen

Willkommen bei [Your Shop Name], wo jede Kreation eine einzigartige Geschichte erzählt und das Herz mit ihrem unverwechselbaren Charme fesselt!

Bei [Your Shop Name] geht es uns nicht nur um den Verkauf von Produkten; Bei uns geht es darum, Erfahrungen, Emotionen und die Freude, etwas wirklich Besonderes zu besitzen, zu teilen. Unsere Reise begann mit einer einfachen, aber wirkungsvollen Idee: Handwerkskunst, Kreativität und Einzigartigkeit in Ihren Alltag zu bringen.

**Warum [Name Ihres Shops]?**

**Handwerkskunst neu definiert:** Unsere Produkte sind mehr als nur Artikel; Es handelt sich um handgefertigte Kunstwerke, die die Hingabe und das Können unserer Kunsthandwerker verkörpern. Jeder Stich, jedes Detail ist ein Beweis für die Leidenschaft, die wir in unsere Kreationen stecken.

**Einzigartig und exklusiv:** Was uns auszeichnet, ist die Exklusivität unserer Designs. Wir glauben daran, Produkte zu schaffen, die auffallen und Ihnen in einer Welt voller Massenware einen Hauch von Individualität verleihen.

**Kundenzentrierter Ansatz:** Ihre Zufriedenheit steht bei uns an erster Stelle. Von dem Moment an, in dem Sie unsere Kollektion durchstöbern, bis zum Tag, an dem Ihr Paket eintrifft, sind wir bestrebt, Ihr Einkaufserlebnis reibungslos, angenehm und unvergesslich zu gestalten.

**Unsere Geschichte:** [Your Shop Name] wurde von [Your Name] gegründet und ist mehr als nur ein Unternehmen. Es ist ein Traum, der mit Liebe und Kreativität genährt wird. Die Idee entstand aus dem Wunsch heraus, nicht nur Produkte, sondern Emotionen anzubieten – eine Möglichkeit, durch die Kunst des Handwerks mit Menschen in Kontakt zu treten.

Wenn Sie unseren Shop erkunden, werden Sie eine kuratierte Sammlung entdecken, die unsere Reise widerspiegelt. Jedes Stück hat eine Geschichte zu erzählen, eine Erzählung, die über das Material hinausgeht und in den Bereich der Emotionen vordringt.

**Verbinde dich mit uns:** Besuchen Sie uns auf unseren Social-Media-Plattformen, um in Verbindung zu bleiben, Ihre Erfahrungen zu teilen und als Erster von unseren neuesten Kreationen zu erfahren:

- [Instagram] (Dein Instagram-Link)
- [Facebook] (Ihr Facebook-Link)
- [Twitter] (Ihr Twitter-Link)
- [Pinterest] (Dein Pinterest-Link)

Besuchen Sie unseren [Online-Shop] (Ihr Online-Shop-Link) für eine erweiterte Sammlung und tauchen Sie in unseren [Blog] (Ihr Blog-Link) ein, um einen tieferen Einblick in unseren kreativen Prozess zu erhalten.

## SO VERKAUFEN SIE AUF ETSY FÜR ANFÄNGER 2024

**Fülle die Lücken:** Um Transparenz und Zuverlässigkeit zu gewährleisten, haben wir jede Lücke in unseren Informationen geschlossen. Erkunden Sie unseren Shop mit Zuversicht und der Gewissheit, dass auf jedes Detail sorgfältig eingegangen wurde. Wir glauben, dass die Bereitstellung umfassender Informationen Vertrauen schafft und Ihr Einkaufserlebnis verbessert.

**Standort:** [Ihre Stadt, Ihr Land]

**Kontaktiere uns:** [Ihre E-Mail-Adresse]

**Webseite:** [Ihr Website-Link]

**Treten Sie der [Ihr Shop-Name]-Community bei:** Wir laden Sie ein, Teil unserer Gemeinschaft zu werden, in der Kunst, Leidenschaft und Einzigartigkeit zusammenkommen, um für alle Beteiligten ein bereicherndes Erlebnis zu schaffen.

**Backlinks erstellen:** Steigern Sie Ihr Einkaufserlebnis, indem Sie unseren [Online-Shop] (Ihr Online-Shop-Link) erkunden und sich auf verschiedenen Plattformen mit uns verbinden. [Ihr Shopname] ist nicht nur ein Shop; Es ist eine Reise und wir möchten, dass Sie ein Teil davon sind.

**Arbeiten Sie mit uns zusammen:** Arbeiten Sie mit anderen Etsy-Anbietern zusammen und schaffen Sie ein kreatives Netzwerk. Unsere Partnerschaften gehen über das Geschäftliche hinaus; Sie sind eine Hommage an einzigartige Handwerkskunst. Verbinden Sie sich mit uns auf [Facebook] (Ihrem Facebook-Gruppenlink), um das Gespräch zu beginnen!

Bei [Your Shop Name] ist jede Kreation eine Geschichte, die darauf wartet, erzählt zu werden. Begleiten Sie uns auf dieser spannenden Reise und lassen Sie uns gemeinsam unvergessliche Momente schaffen.

*Vielen Dank, dass Sie Teil von [Name Ihres Shops] sind.* [Ihr Name]
Gründer, [Name Ihres Shops]

# SO VERKAUFEN SIE AUF ETSY FÜR ANFÄNGER 2024

Vernetzen Sie sich mit anderen Etsy-Verkäufern und richten Sie Ihre Website ein

Sie können auch weitere Netzwerkgruppen finden, indem Sie einfach „Etsy" in die Facebook-Suchleiste eingeben (probieren Sie es aus).

Der Aufbau von Verbindungen zu anderen Etsy-Verkäufern und die Erstellung Ihrer Website sind wesentliche Schritte zum Ausbau Ihrer Online-Präsenz. Lassen Sie uns erkunden, wie Sie sich mit anderen Etsy-Verkäufern auf Facebook vernetzen und welche Vorteile die Einrichtung Ihrer Website mit sich bringt.

**1. Beitritt zu Facebook-Gruppen von Etsy-Verkäufern**: Die Vernetzung mit anderen Etsy-Verkäufern kann wertvolle Einblicke, Unterstützung und Möglichkeiten zur Zusammenarbeit bieten. Hier sind die Schritte, um Etsy-Verkäufergruppen auf Facebook zu finden und ihnen beizutreten:

- *Aktion*: Verwenden Sie die Facebook-Suchleiste und geben Sie Schlüsselwörter wie „Etsy", „Etsy-Verkäufer" oder „Etsy-Shop-Besitzer" ein. Treten Sie Gruppen wie „Nur Etsy-Verkäufer", „Networking für Etsy-Verkäufer" und „Wachstum und Förderung von Etsy-Verkäufern" bei.

2.**Erstellen Sie Ihre Website mit Squarespace**: Durch die Erstellung Ihrer Website haben Sie mehr Kontrolle über Ihre Marke und können ein breiteres Publikum erreichen. Squarespace ist eine benutzerfreundliche Plattform zum Erstellen von E-Commerce-Websites. Befolgen Sie diese Schritte, um zu beginnen:

- *Aktion*: Ausführliche Anweisungen zum Einrichten Ihrer Website, zum Hinzufügen von Produkten und zum

Erstellen von Inhalten finden Sie im Squarespace-Handbuch „Erste Schritte".

3.**Hinzufügen eines Backlinks zu Ihrem Etsy-Shop auf Ihrer Website**: Sobald Sie grundlegende Informationen zu Ihrer Website hinzugefügt haben, ist das Einfügen eines Backlinks zu Ihrem Etsy-Shop ein strategischer Schritt. Befolgen Sie diese Schritte, um einen Link in der Navigationsleiste hinzuzufügen:

- *Aktion:*
  - Bearbeiten Sie den Site-Header, indem Sie mit der Maus darüber fahren.
  - Gehen Sie im Popup-Menü auf „Elemente".
  - Scrollen Sie nach unten, um den Abschnitt „Soziale Links" zu finden, und klicken Sie auf „Soziale Links bearbeiten".
  - Geben Sie die URL Ihres Etsy-Shops ein und speichern Sie Ihre Änderungen.
- *Bestätigung*: Klicken Sie auf den neu hinzugefügten Symbollink, um zu bestätigen, dass Benutzer zu Ihrem Etsy-Shop weitergeleitet werden.

Vorteile des Hinzufügens eines Backlinks:

- Erhöhte Sichtbarkeit: Benutzer, die Ihre Website besuchen, können Ihren Etsy-Shop ganz einfach erkunden.
- Cross-Promotion: Steigern Sie den Verkehr zwischen Ihrer Website und Ihrem Etsy-Shop, um den Umsatz zu steigern.

## SO VERKAUFEN SIE AUF ETSY FÜR ANFÄNGER 2024

- SEO-Boost: Backlinks tragen zur Suchmaschinenoptimierung bei und kommen sowohl Ihrer Website als auch Ihrem Etsy-Shop zugute.

**Letzte Tipps:**

- Stellen Sie sicher, dass Ihre Website Ihre Marke widerspiegelt und Ihren Etsy-Shop ergänzt.

- Beteiligen Sie sich aktiv an den Facebook-Gruppen von Etsy-Verkäufern, stellen Sie Fragen und teilen Sie Ihre Erfahrungen.

- Erwägen Sie die Zusammenarbeit mit anderen Etsy-Verkäufern, um Cross-Promotion für Produkte zu betreiben.

Indem Sie sich mit anderen Verkäufern vernetzen und Ihre Website einrichten, diversifizieren Sie Ihre Online-Präsenz und schaffen mehr Möglichkeiten für potenzielle Kunden, Ihre Produkte zu entdecken. Diese Schritte, gepaart mit den bisherigen SEO-Strategien, tragen zu einem abgerundeten und erfolgreichen Etsy-Shop bei. Viel Glück bei Ihren Bemühungen!

### Ermutigen Sie zu positiven Bewertungen und überwachen Sie Shop-Kennzahlen auf Etsy

Der Aufbau positiver Bewertungen und die Überwachung der Leistung deines Shops sind entscheidende Aspekte für den Erfolg von Etsy. Sehen wir uns die Schritte an, die Sie unternehmen können, um Bewertungen zu fördern und Google Analytics für detaillierte Einblicke zu nutzen.

- **Ermutigen Sie zu positiven Bewertungen**: Positive Bewertungen steigern die Glaubwürdigkeit Ihres Shops und wirken sich positiv auf die

Suchmaschinenoptimierung (SEO) aus. So fördern Sie Bewertungen:

- *Höflich fragen:* Bitten Sie höflich um Bewertungen an strategischen Orten auf Etsy.
  - Bestätigungsseite: Fügen Sie auf der Seite, die die Bestellung bestätigt, einen personalisierten Kommentar hinzu.
  - Bestätigungs-E-Mail: Fügen Sie der Bestätigungs-E-Mail eine kurze, individuelle Anfrage hinzu.
  - Folgenotiz: Senden Sie mithilfe der automatischen Folgebenachrichtigungsfunktion eine Folgenotiz an den Etsy-Posteingang des Kunden.
- *Angepasste Bestätigungsnachricht:*
  - Gehen Sie zum Shop-Manager.
  - Wählen Sie unter „Einstellungen" die Option „Info & Darstellung" aus.
  - Wählen Sie „Nachricht an Käufer" und geben Sie eine eindeutige Bestätigungsnachricht ein.
  - Speichern Sie Ihre individuelle Nachricht.
- *Das Timing ist der Schlüssel:* Warten Sie, bis der Kunde seine Bestellung erhalten hat, bevor Sie mit der Bearbeitung fortfahren.
  - Klicken Sie im Shop-Manager auf Bestellungen & Versand.
  - Wählen Sie „Eine Nachricht an den Kunden schreiben, der die Bestellung gekauft hat."

- Verfassen Sie eine freundliche Nachricht mit der Bitte um Feedback.
- **Überwachen Sie Shop-Metriken mit Google Analytics:** Durch die Integration von Google Analytics erhalten Sie detaillierte Einblicke in die Leistung Ihres Shops, einschließlich Traffic-Quellen und Conversion-Raten. Folge diesen Schritten:
- *Anforderungen:* Besitzen Sie ein Google-Konto und ein Google Analytics-Konto.
- *Zugriff auf Google Analytics im Shop Manager:*
  - Gehen Sie zum Shop-Manager auf Etsy.
  - Wählen Sie „Einstellungen", nachdem Sie nach unten gescrollt haben.
  - Wenn das Menü angezeigt wird, wählen Sie Optionen.
  - Geben Sie Ihre Daten auf der Registerkarte „Webanalyse" ein.
- *So finden Sie die Web-Property-ID in Google Analytics:*
  - Gehen Sie in Ihrem Google Analytics-Konto zu Admin.
  - Suchen Sie Ihre Web-Property-ID neben dem Wort „Property".
- *Eingabe der Web-Property-ID auf Etsy:*
  - Geben Sie Ihre Web-Property-ID auf der Registerkarte „Webanalyse" in Etsy ein.
  - Klicken Sie auf Speichern, um die Integration abzuschließen.

# SO VERKAUFEN SIE AUF ETSY FÜR ANFÄNGER 2024

**Vorteile der Verwendung von Google Analytics:**

- Verkehrsmuster: Verstehen Sie, woher der Verkehr Ihres Shops kommt.
- Vertriebsleistung: Überwachen Sie Verkaufs- und Konversionsraten.
- Besucherverhalten: Analysieren Sie, wie Besucher mit Ihrem Shop interagieren.

**Letzte Tipps:**

- Fördern Sie echte und ehrliche Bewertungen, indem Sie hervorragende Produkte und Kundenservice anbieten.
- Nutzen Sie das Feedback der Bewertungen, um Verbesserungen vorzunehmen und etwaige Bedenken auszuräumen.
- Überprüfen Sie Google Analytics regelmäßig auf umsetzbare Erkenntnisse, um die Leistung Ihres Shops zu verbessern.

Durch die aktive Verwaltung von Bewertungen und die Nutzung von Google Analytics unternehmen Sie konkrete Schritte zur Optimierung Ihres Etsy-Shops. Konsequente Bemühungen in diesen Bereichen tragen zum langfristigen Erfolg und einer erhöhten Sichtbarkeit auf dem Etsy-Marktplatz bei. Viel Glück auf deiner Etsy-Reise!

## Abschließende Gedanken zu Etsy SEO: Geduld und Beharrlichkeit

Herzlichen Glückwunsch, dass Sie die Initiative ergriffen haben, Ihren Etsy-Shop mit diesen umfassenden Schritten zu optimieren. Wenn Sie sich auf diese SEO-Reise begeben, ist es wichtig, ein paar abschließende Gedanken im Hinterkopf zu behalten:

1. **SEO ist ein kontinuierlicher Prozess:**
   - Verstehen Sie, dass SEO keine einmalige Aufgabe ist; es ist ein fortlaufender Prozess. Suchalgorithmen entwickeln sich weiter und die Marktdynamik ändert sich. Überprüfen und aktualisieren Sie Ihre SEO-Strategien regelmäßig, um relevant zu bleiben.

2. **Ergebnisse brauchen Zeit:**
   - Sei geduldig. SEO-Ergebnisse sind möglicherweise nicht sofort sichtbar und es kann einige Zeit dauern, bis wesentliche Änderungen sichtbar werden. Beständigkeit und Ausdauer sind der Schlüssel. Bleiben Sie bestrebt, Best Practices konsequent umzusetzen.

3. **Kosteneffizienz von SEO:**
   - SEO ist eine kostengünstige Möglichkeit, die Sichtbarkeit Ihres Shops im Vergleich zu gesponserter Werbung zu verbessern. Während bezahlte Werbeaktionen schnelle Ergebnisse liefern können, bildet SEO eine nachhaltige Grundlage für langfristigen Erfolg.

4. **Im Wettbewerb mit größeren Budgets:**
   - SEO schafft gleiche Wettbewerbsbedingungen und ermöglicht es kleinen Unternehmen, mit größeren zu konkurrieren. Indem Sie sich auf relevante Schlüsselwörter, hochwertige Inhalte und positive Kundenerlebnisse konzentrieren, kann sich Ihr Etsy-Shop unabhängig von Budgetbeschränkungen von der Masse abheben.

5. **Nehmen Sie SEO ernst:**
   - Erkennen Sie die Bedeutung von SEO für das Wachstum Ihres Etsy-Geschäfts. Indem Sie diese Strategien in Ihre Routine integrieren, investieren Sie in den langfristigen Erfolg und die Sichtbarkeit Ihres Shops.

6. **Abschluss von 8 Schritten:**
   - Die bereitgestellten acht Schritte bieten einen umfassenden Leitfaden zur Verbesserung der SEO Ihres Etsy-Shops. Indem Sie jedem Schritt Zeit und Mühe widmen, legen Sie den Grundstein für mehr Sichtbarkeit, bessere Rankings und letztendlich mehr Verkäufe.

Denken Sie daran, dass Ihre Etsy-Reise einzigartig ist und sich der Erfolg für jeden Shop unterschiedlich auswirken kann. Bleiben Sie anpassungsfähig, überwachen Sie Ihre Leistungskennzahlen und nehmen Sie bei Bedarf datengesteuerte Anpassungen an Ihrer Strategie vor.

Viel Glück mit deinem Etsy-Shop! Mögen Ihre Produkte glänzen und Ihr Unternehmen auf dem Etsy-Marktplatz florieren. Wenn Sie weitere Fragen haben oder in Zukunft Hilfe benötigen, können Sie sich gerne an uns wenden. Frohes Verkaufen!

## AUFTRÄGE ERFÜLLEN UND AUSSERGEWÖHNLICHEN KUNDENSERVICE BIETEN

Außergewöhnlicher Kundenservice spielt eine entscheidende Rolle für das Wachstum Ihres Etsy-Shops. Abgesehen davon, dass Sie im Vergleich zur Konkurrenz ein überlegenes Produkt anbieten, ist die Priorisierung Ihrer Kunden von entscheidender Bedeutung.

# SO VERKAUFEN SIE AUF ETSY FÜR ANFÄNGER 2024

### Die Reise des Käufers initiieren

Die Kundenbetreuung sollte in dem Moment beginnen, in dem ein potenzieller Käufer Ihren Etsy-Eintrag sieht. Es ist von entscheidender Bedeutung, von Anfang an alles richtig zu machen, einschließlich der Bereitstellung klarer Bilder und detaillierter Produktbeschreibungen.

### Erstellen informativer Beschreibungen

Die Angebotsbeschreibung ist das nächste entscheidende Element, das ein potenzieller Käufer nach Durchsicht Ihrer Produktbilder prüfen wird. Es sollte alle relevanten Informationen über das Produkt umfassen und Fragen beantworten wie:

- Welche Materialien wurden zur Herstellung des Objekts verwendet?
- Welche Abmessungen und welches Gewicht hat das Produkt?
- Was sind die Hauptmerkmale des Produkts?
- Gibt es technische Voraussetzungen (abhängig vom Produkttyp)?
- Ist der Artikel handgefertigt? Betonen Sie diesen Punkt unbedingt!

Durch die Beantwortung dieser Fragen erhalten Besucher ein genaueres Verständnis ihres potenziellen Kaufs und tragen so zu einer insgesamt positiven Wahrnehmung des Kundenservices bei.

### AGB: The Foundation

Die Richtlinien Ihres Etsy-Shops sind von entscheidender Bedeutung und schaffen die Grundlage für eine professionelle und vertrauenswürdige Interaktion. Abschnitte wie Versandrichtlinien und Rückgaberichtlinien sind von entscheidender Bedeutung, um Transparenz zu schaffen und Vertrauen bei den Kunden aufzubauen.

**Versandrichtlinien:** Bestimmen Sie Ihre Bearbeitungszeit und kommunizieren Sie diese klar. Seien Sie transparent über die geschätzten Versandzeiten und berücksichtigen Sie dabei sowohl langsamere als auch schnellere Lieferszenarien.

**Rückgaberichtlinien:** Entscheiden Sie, ob Sie eine Rückgabe oder einen Umtausch zulassen, und kommunizieren Sie die Bedingungen klar. Wenn Sie in der EU tätig sind, beachten Sie die Verbraucherrechtsgesetze.

### Kommunikations- und Serviceeffizienz

Eine effiziente und klare Kommunikation ist für einen außergewöhnlichen Kundenservice von grundlegender Bedeutung. Reagieren Sie zeitnah auf Anfragen, halten Sie Kunden über den Bestellstatus auf dem Laufenden und sorgen Sie für eine reibungslose Interaktion während des gesamten Kaufprozesses.

Im nächsten Abschnitt befassen wir uns mit der Optimierung Ihrer Etsy-Einträge. Darüber hinaus finden Sie Nachrichtenbeispiele, die Ihnen dabei helfen, einen gesprächigen und ansprechenden Ton bei Ihrem Publikum zu etablieren.

### Rückgaberichtlinien

**UND**Um das Vertrauen zwischen Ihnen und Ihren Kunden zu stärken, müssen Sie klare Richtlinien für Retouren bereitstellen. Bei der Einrichtung Ihres Shops können Sie wählen, ob Sie Rücksendungen zulassen möchten oder nicht. Es stehen zwei Alternativen zur Verfügung:

1. **Rückgaben zulassen:**
   - Kunden haben die Möglichkeit, Artikel zurückzugeben oder umzutauschen.

# SO VERKAUFEN SIE AUF ETSY FÜR ANFÄNGER 2024

- Legen Sie Fristen fest, innerhalb derer Kunden Sie kontaktieren oder Rücksendungen veranlassen können.

- Beachten Sie, dass in der EU ansässige Geschäfte bestimmte Ausnahmen einhalten müssen, die in den EU-Verbraucherrechtsgesetzen geregelt sind.

2. **Kein Zurück:**

    - Machen Sie deutlich, dass Rückgaben oder Umtausch nicht akzeptiert werden.

## Datenschutzgrundsätze

Es ist von entscheidender Bedeutung, eine umfassende Datenschutzrichtlinie für Ihren Shop zu erstellen und dabei verschiedene regionale Standards zu berücksichtigen. Beispielsweise stellt die EU-DSGVO strenge Anforderungen an Datenschutzrichtlinien. Nutzen Sie verfügbare Generatoren, um effizient eine Datenschutzrichtlinie für den Etsy-Shop zu erstellen.

## Weitere Details

Nutzen Sie den Abschnitt „Weitere Informationen" in der Beschreibung Ihres Shops, um Kunden wertvolle Details bereitzustellen. Erwägen Sie die Erstellung eines Abschnitts mit häufig gestellten Fragen (FAQ), in dem häufig gestellte Fragen früherer Kunden behandelt werden. Offenheit und Ehrlichkeit in Ihren Geschäftsrichtlinien legen die Maßstäbe für Ihr Geschäft und Ihren Kundenservice fest.

## Höfliche und effektive Kommunikation

Ihr Kommunikationsstil beeinflusst maßgeblich, wie Kunden Ihren Shop wahrnehmen. Behalten Sie bei allen Interaktionen einen höflichen und respektvollen Ton bei. Seien Sie bei der Kommunikation mit Kunden:

- **Höflich**: Kunden schätzen die Gegenleistung.
- **Einfallsreich:** Stellen Sie sicher, dass Ihr Geschäft gut abgedeckt ist und halten Sie immer eine Antwort bereit.
- **Ehrlich:** Transparenz schafft Vertrauen; Geben Sie Fehler zu, wenn sie auftreten.
- **Prägnant**: Bleiben Sie auf dem Laufenden, um die Zeit der Kunden zu respektieren.

### Beispiele für effektive Kommunikation:

1. „Sehr geehrter [Name des Kunden], wir freuen uns über Ihre Anfrage und sind bestrebt, sie umgehend zu bearbeiten. Wir entschuldigen uns für etwaige Unannehmlichkeiten und arbeiten fleißig an der Lösung des Problems."

2. „Hallo! Vielen Dank, dass Sie sich gemeldet haben. Wir schätzen Ihr Feedback und sind bestrebt, Ihre Zufriedenheit sicherzustellen. Seien Sie versichert, wir kümmern uns um Ihre Bedenken und werden Sie in Kürze auf dem Laufenden halten."

Denken Sie daran, dass effektive Kommunikation dauerhafte Beziehungen zu Kunden aufbaut. Lassen Sie uns weiterhin positive Kundenerlebnisse fördern!

# SO VERKAUFEN SIE AUF ETSY FÜR ANFÄNGER 2024

## Spät bestellt

Wenn ein Verbraucher Sie wegen einer verspäteten Lieferung kontaktiert, können Sie wie folgt reagieren:

Lieber Kunde],

Ich entschuldige mich für die Verzögerung bei der Lieferung Ihrer Bestellung. Ihr Paket wurde bereits per USPS versendet und Sie können es mit der folgenden Sendungsverfolgungsnummer verfolgen: [USPS-Sendungsverfolgungsnummer hier hinzufügen]. Das aktualisierte voraussichtliche Lieferdatum ist [Geben Sie das aktualisierte voraussichtliche Lieferdatum ein]. Ich entschuldige mich aufrichtig für etwaige Unannehmlichkeiten und danke Ihnen für Ihr Verständnis. Wenn wir Ihnen sonst noch behilflich sein können, lassen Sie es uns bitte wissen.

Danke schön,

Beste grüße,

[Ihr Name]

## Reaktion auf beschädigte Ware

Leider besteht immer die Möglichkeit, dass die Ware während des Transports beschädigt wird. Für solche Fälle sollten Sie vorbereitet sein. Eine solche Antwort wäre ideal.

Hallo, [Kunde]

Es tut mir wirklich leid, dass Ihre Bestellung während des Transports beschädigt wurde. Trotz unserer Bemühungen, die besten Verpackungsmaterialien zu verwenden, kann es gelegentlich zu Schäden kommen. Ich werde Ihnen umgehend einen Ersatz mit Priority-Versand zusenden. Wenn Sie weitere Bedenken oder Fragen haben, können Sie sich gerne an uns wenden.

Danke schön,

[Ihr Name]

### Den falschen Artikel bereitgestellt

Ich entschuldige mich aufrichtig für die Verwirrung und die Unannehmlichkeiten, die durch den Erhalt des falschen Artikels entstanden sind. Fehler passieren und ich bin bestrebt, diese umgehend zu beheben. Ich werde Ihnen so schnell wie möglich den richtigen Artikel mit Priority-Versand zusenden. Wenn wir sonst noch etwas tun können, um das Problem zu beheben, lassen Sie es uns bitte wissen.

Danke schön,

Beste grüße,

[Ihr Name]

### Aktualisierte Antwort zur Lieferadresse

Manchmal geben Leute Bestellungen für die falsche Adresse auf. Es gibt keine Möglichkeit, dies in den Bestelleinstellungen auf Etsy zu ändern. Sie haben zwei Möglichkeiten: Sie können es beim Drucken des Etiketts ändern oder Sie können die Bestellung stornieren und den Verbraucher bitten, das Produkt erneut zu bestellen.

Sie könnten antworten, indem Sie etwa Folgendes sagen:

# SO VERKAUFEN SIE AUF ETSY FÜR ANFÄNGER 2024

Grüße, [Kunde],

Vielen Dank, dass Sie mich über die geänderte Lieferadresse informiert haben. Ich habe meine Lieferadresse aktualisiert und Ihr Produkt wird nun an Ihre neue Adresse gesendet. Sobald Ihre Bestellung versandt wurde, erhalten Sie eine Sendungsverfolgungsnummer und einen voraussichtlichen Liefertermin.

Bitte beachten Sie, dass die registrierte Adresse auf Etsy und die Adresse auf der Etsy-Rechnung möglicherweise nicht übereinstimmen.

Danke,

Beste grüße,

[Ihr Name]

## Vielen Dank an Kunden für ihr Feedback

Höchstwahrscheinlich werden Sie irgendwann von einigen Ihrer Kunden hören. Auch wenn das Feedback negativ ausfällt, sollte Ihre Antwort stets höflich sein.

Hier ist eine Illustration:

Hallo, [Kunde],

Vielen Dank, dass Sie sich die Zeit genommen haben, eine Bewertung abzugeben. Ich freue mich sehr, dass Ihnen der [bestellte Artikel] gefallen hat. Wir freuen uns, Sie bald wieder bedienen zu dürfen!

Beste grüße,

[Ihr Name]

# SO VERKAUFEN SIE AUF ETSY FÜR ANFÄNGER 2024

**Kommunikation mit Kunden: Verbessern Sie Ihr Etsy-Shop-Erlebnis**

*Nutzen Sie die folgenden Beispiele, um zu verstehen, wie Sie effektiv mit Ihren Kunden kommunizieren. Das Einfügen von Emojis in Ihre Texte kann dabei helfen, den Ton zu vermitteln und potenzielle Missverständnisse auszuräumen. Darüber hinaus bietet Etsy eine Anleitung zur Verwendung der gespeicherten Antworten von Nachrichten an.*

**Schnelle Lösung von Serviceproblemen:**

*Bei der Lösung von Serviceproblemen ist rechtzeitiges Handeln von entscheidender Bedeutung. Höfliche Kommunikation und vernünftige Versprechungen sind zwar hervorragende Ausgangspunkte, aber konzentrieren Sie sich darauf, schnell eine Lösung zu finden, wenn ein Kunde Sie um Hilfe bittet.*

**Sicherstellung der Kundenzufriedenheit:**

*Geben Sie Ihren Kunden das Gefühl, gehört und unterstützt zu werden, egal um welches Problem es sich handelt, sei es ein verlegtes Paket oder ein anderes Problem mit der Ware.*

**Kundenbeziehungen über den Verkauf hinaus pflegen:**

*Kundenservice ist eine fortlaufende Verpflichtung, die über den Abschluss eines Verkaufs hinausgeht. Der Aufbau einer dauerhaften Beziehung zu den Kunden ist unerlässlich.*

# SO VERKAUFEN SIE AUF ETSY FÜR ANFÄNGER 2024

**Nutzung sozialer Medien zum Community-Aufbau:**

*Nutzen Sie die Möglichkeiten weit verbreiteter Social-Media-Plattformen, um eine Community rund um Ihren Etsy-Shop aufzubauen. Dies bietet Raum für Engagement, gemeinsame Erlebnisse und Kundenbindung.*

**Anreize zum Engagement schaffen:**

*Bieten Sie Ihren Followern Aktionscodes und exklusive Rabatte an. Diese Strategie dient unter anderem als wirksame Methode, um Bewertungen zu fördern und einen positiven Ruf für Ihren Etsy-Shop zu fördern.*

## EFFEKTIVE TIPPS FÜR DIE KUNDENKOMMUNIKATION

Beachten Sie bei der Kontaktaufnahme mit Kunden die folgenden Tipps:

1. **Verwenden Sie Emojis für den Ton:** Emojis können Ihren Nachrichten eine freundliche Note verleihen und dabei helfen, den Ton zu vermitteln. Sie sind besonders nützlich in der schriftlichen Kommunikation, wo der Ton missverstanden werden könnte.

2. **Gespeicherte Antworten von Nachrichten nutzen:** Etsy bietet ein hilfreiches Tutorial zur Verwendung gespeicherter Antworten. Nutzen Sie diese Funktion, um Ihre Antworten zu optimieren und Zeit bei der Bearbeitung häufiger Anfragen zu sparen.

3. **Beheben Sie Serviceprobleme umgehend:** Gehen Sie umgehend auf Kundenanliegen ein. Schnelles Handeln zeigt Ihr Engagement für die Zufriedenheit Ihrer Kunden und trägt zu positiven Ergebnissen bei.

4. **Taten sagen mehr als Worte:** Während höfliche Kommunikation und Versprechen unerlässlich sind, ist schnelles und wirksames Handeln von entscheidender Bedeutung. Konzentrieren Sie sich darauf, Lösungen zu finden, wenn Kunden um Hilfe bitten.

5. **Zeigen Sie Empathie und Verständnis:** Sorgen Sie dafür, dass sich Ihre Kunden gehört und verstanden fühlen. Egal, ob es sich um ein verlegtes Paket oder ein anderes Problem handelt, vermitteln Sie ihm, dass Sie auf seiner Seite sind und sich für die Lösung des Problems einsetzen.

Denken Sie daran: Der Aufbau starker Kundenbeziehungen geht über die Transaktion hinaus. Durch die Einbeziehung dieser Tipps können Sie Ihren Kundenservice verbessern und ein positives Einkaufserlebnis für Ihre Etsy-Kunden schaffen.

Stellen Sie sicher, dass Ihre Antworten zeitnah und höflich sind und zeigen Sie, dass Sie sich für die Lösung etwaiger Probleme engagieren. Kundenservice ist ein fortlaufender Prozess und die Pflege positiver Beziehungen zu Ihren Kunden kann zum langfristigen Erfolg Ihres Etsy-Shops beitragen. Nutzen Sie soziale Medien, um eine Community rund um Ihre Marke aufzubauen, und denken Sie darüber nach, exklusive Werbeaktionen anzubieten, um die Kundenbindung zu fördern und Bewertungen anzuregen.

## STRATEGIEN FÜR DAS WACHSTUM IHRES UNTERNEHMENS AUF ETSY.

*Die Erweiterung und Verbesserung Ihres Etsy-Geschäfts erfordert sorgfältige Planung und Überlegung. Hier sind verschiedene Strategien, die Ihnen beim Wachstum Ihres Unternehmens helfen:*

# SO VERKAUFEN SIE AUF ETSY FÜR ANFÄNGER 2024

**1. Diversifizieren Sie Ihre Produktlinie:**

- Erweitern Sie Ihren Kundenstamm durch die Einführung neuer Produkte oder Variationen (zusätzliche Farben, Größen, Stile).

- Aktualisieren Sie Ihren Shop regelmäßig mit frischen und innovativen Artikeln, um die Kunden zu binden.

**2. Steigern Sie Ihre Marketing- und Werbebemühungen:**

- Investieren Sie in verstärkte Marketing- und Werbeinitiativen, um mehr Kunden zu gewinnen und den Umsatz zu steigern.

- Nutzen Sie Plattformen wie soziale Medien, um Markenbekanntheit zu schaffen und mit Ihrem Publikum in Kontakt zu treten.

**3. Erstellen Sie zusätzliche Etsy-Shops:**

- Entdecken Sie neue Produktideen, die nichts mit Ihren aktuellen Angeboten zu tun haben.

- Erwägen Sie die Eröffnung eines zweiten oder dritten Etsy-Shops, der parallel zu Ihrem Hauptshop betrieben wird.

**4. Erwägen Sie die Einstellung von Teilzeitkräften:**

- Wenn die Ressourcen begrenzt sind, kann die Einstellung von Teilzeitkräften bei der Bewältigung von Aufgaben hilfreich sein, sodass Sie sich auf das Geschäftswachstum konzentrieren können.

- Delegieren Sie Aufgaben, um Bestellungen effizient abzuwickeln, neue Produkte zu entwerfen und Ihren Shop zu pflegen.

# SO VERKAUFEN SIE AUF ETSY FÜR ANFÄNGER 2024

**5. Vollzeit-Fokus auf Etsy-Geschäft:**

- Erwägen Sie die Möglichkeit, von anderen Verpflichtungen zurückzutreten, um sich ausschließlich auf den Betrieb Ihres Etsy-Shops zu konzentrieren.
- Stellen Sie sicher, dass Ihr Geschäftsbetrieb Ihrem Vollzeitengagement standhalten kann.

**Shop-Updates und Überarbeitungen:**

- Aktualisieren Sie regelmäßig die visuellen Elemente Ihres Shops, einschließlich Produktbilder, Farbschemata und Gesamtästhetik.
- Nutzen Sie die Funktion „Shop-Updates" in der mobilen App „Verkaufen auf Etsy", um frische Produktfotos und Lifestyle-Bilder hinzuzufügen.

**Analysieren Sie die Vertriebsleistung:**

- Bewerten Sie alle drei bis vier Monate Ihre meistverkauften und am wenigsten beliebten Artikel.
- Ziehen Sie in Betracht, leistungsschwache Artikel zu entfernen und konzentrieren Sie sich auf die Einführung neuer, gefragter Produkte.

**Saison- und Feiertagsangebote:**

- Stellen Sie exklusive Artikel für Feiertage wie Muttertag, Vatertag, Valentinstag oder Weihnachten vor.
- Verändern Sie das Erscheinungsbild Ihres Shops mit Grafiken, Bildern und Texten zum Thema Feiertage.
- Starten Sie während der Feiertage Sonderverkäufe oder Werbeaktionen, um Kunden anzulocken.

# SO VERKAUFEN SIE AUF ETSY FÜR ANFÄNGER 2024

**Strategische Verkäufe und Werbeaktionen:**

- Erwägen Sie, in der Hochsaison Rabatte, kostenlose Lieferung oder Sonderaktionen anzubieten.
- Implementieren Sie kreative Verkaufsstrategien, ohne den Prozess zu verkomplizieren.

**Konsistente Store-Updates:**

- Bedenken Sie, dass sich Ihr Geschäft regelmäßig weiterentwickeln sollte, auch wenn die Produktpalette gleich bleibt.
- Entwickeln Sie eine systematische Strategie zur Aktualisierung von Produktlisten, Bildern und dem gesamten Shop-Inhalt.

**Durchdachte Änderungen:**

- Planen Sie Veränderungen systematisch und berücksichtigen Sie dabei die Gründe dafür und die Auswirkungen auf Ihre Ziele.
- Antizipieren und verstehen Sie die Reaktionen der Kunden auf Änderungen und passen Sie Änderungen an den Vorlieben Ihrer Zielgruppe an.

*Denken Sie daran: Eine gut durchdachte Wachstumsstrategie trägt zum nachhaltigen Erfolg Ihres Etsy-Geschäfts bei. Bewerten Sie Ihren Ansatz kontinuierlich und passen Sie ihn bei Bedarf an.*

# SO VERKAUFEN SIE AUF ETSY FÜR ANFÄNGER 2024

## Häufig gestellte Fragen (FAQs) zu Etsy

1. **Beschreiben Sie Etsy und erklären Sie, wie es funktioniert.**

    - Etsy ist eine Plattform ähnlich wie Amazon oder eBay, die den Verkauf von handgefertigten, antiken oder kreativen Artikeln durch Transaktionen zwischen Verbrauchern ermöglicht. Verkäufer können einen Etsy-Shop erstellen, Produkte auflisten, Zahlungen einrichten und Bestellungen verwalten. Käufer genießen einzigartige, maßgeschneiderte Waren, während Verkäufer von der Präsentation ihrer Kreationen profitieren.

2. **Verkauft Etsy nur handgefertigte Artikel?**

    - Ja, Etsy verkauft ausschließlich handgefertigte, antike und handwerklich hergestellte Artikel. Vintage-Artikel müssen mindestens 20 Jahre alt sein und Bastelbedarf umfasst Werkzeuge, Zutaten oder Materialien für die Herstellung von Gegenständen oder für besondere Anlässe. Während eine kleine Gruppe handgefertigte Waren herstellen kann, sind Massenartikel nicht erlaubt, es sei denn, sie erfüllen bestimmte Kriterien.

3. **Ist es möglich, Artikel auf Etsy zu verkaufen?**

    - Etsy erlaubt nur den Verkauf von handgefertigten Waren, Vintage-Artikeln, Bastelbedarf und digitalen Waren. Kommerziell hergestellte Artikel sind nicht gestattet. Handgefertigte Artikel reichen von Schmuck und Wohnaccessoires bis hin zu Kleidung,

# SO VERKAUFEN SIE AUF ETSY FÜR ANFÄNGER 2024

Kunstwerken und digitalen Gütern wie Schnittmustern.

4. **Welche Dinge sind verboten? Stehen medizinische Geräte zum Verkauf?**

    - Etsy verbietet den Verkauf bestimmter Artikel, darunter Alkohol, Betäubungsmittel, Artikel, die Gewalt oder Hass fördern, illegale oder regulierte Artikel, Schusswaffen, Sprengstoffe, Inhalte für Erwachsene und bestimmte medizinische Geräte. Auch Dienstleistungen, Vermietung und magische Gegenstände sind verboten. Gesichtsmasken und Bezüge sind gemäß den Etsy-Richtlinien erlaubt.

5. **Welche Provisionen erhebt Etsy?**

    - Etsy erhebt für jedes gelistete Produkt eine Einstellgebühr von 0,20 $ und eine Verlängerungsgebühr, wenn der Artikel nicht innerhalb von vier Monaten verkauft wird. Für zusätzliche Mengen desselben Artikels fällt die gleiche Angebotsgebühr an, die zahlbar ist, wenn der erste Artikel verkauft wird. Die Gebührenstruktur von Etsy ist komplexer und umfasst Transaktionsgebühren, Gebühren für die Zahlungsabwicklung und optionale Werbegebühren.

*Hinweis: Es ist wichtig, die Verkaufsrichtlinien und Richtlinien von Etsy zu lesen, um die Einhaltung der Vorschriften sicherzustellen.*

# SO VERKAUFEN SIE AUF ETSY FÜR ANFÄNGER 2024

### Transaktionsgebühr für Etsy

Etsy erhebt eine Transaktionsgebühr in Höhe von 6,5 % des Gesamtbestellwerts, die erst nach dem Verkauf der Ware eingezogen wird. In dieser Gebühr sind die Kosten für Verpackung, Versand und Personalisierung enthalten.

### Etsy-Bearbeitungsgebühren für die Zahlung

Etsy erhebt zusätzliche Gebühren für Zahlungen, die über Etsy Payments getätigt werden. Die Gebühr variiert je nach Land. In den USA beträgt er 3 % + 0,25 USD, während er in anderen Ländern zwischen 3,5 % und 6,5 % liegt, zuzüglich eines festen Betrags.

### Offsite-Anzeigen auf Etsy

Etsy schaltet über Offsite Ads Werbung in verschiedenen sozialen Netzwerken und Suchmaschinen. Für Verkäufe, die über diese Anzeigen getätigt werden, wird eine Provision von 12–15 % erhoben. Anbieter mit einem Umsatz von weniger als 10.000 US-Dollar in den letzten 365 Tagen können sich abmelden und eine Gebühr von 15 % zahlen, während Anbieter mit einem Umsatz von mehr als 10.000 US-Dollar eine Gebühr von 12 % ohne die Möglichkeit zur Abmeldung zahlen müssen.

Zusätzlich zu diesen Gebühren fallen weitere potenzielle Kosten an, beispielsweise für Versandetiketten, Etsy-Anzeigen, Abonnements, Muster und Wechselkursgebühren.

### Können Sie wieder Artikel auf Etsy verkaufen?

Der Weiterverkauf von Produkten auf Etsy ist nicht gestattet, mit Ausnahme von Vintage-Artikeln und Bastelbedarf. Handgefertigte Artikel können nicht weiterverkauft werden; Artikel, die in die Kategorien „Vintage" oder „Bastelbedarf" fallen, können jedoch weiterverkauft werden.

## SO VERKAUFEN SIE AUF ETSY FÜR ANFÄNGER 2024

**Sollten Sie über Etsy-Alternativen nachdenken?**

Während Etsy ein Pionier auf seinem Gebiet war, gibt es alternative Plattformen für den Kauf und Verkauf von Originalkunstwerken oder handgefertigten Waren. Zu den Alternativen zu Etsy gehören eBay, ArtFire, Amazon Handmade, Made-to-order, Big Cartel, Folksy und iCraft Creative Market für digitale Waren.

Angesichts der Komplexität der Provisionsstruktur von Etsy, der Vorschriften für handgefertigte Artikel und des Weiterverkaufs von Artikeln sowie des Verbots bestimmter Produkte kann die Prüfung von Alternativen eine kluge Entscheidung sein.

# SO VERKAUFEN SIE AUF ETSY FÜR ANFÄNGER 2024

## GLOSSAR DER SCHLÜSSELBEGRIFFE

- **GLOSSAR DER SCHLÜSSELBEGRIFFE**
- **Geschäft:** Ein Online-Shop auf Etsy, in dem Verkäufer ihre Produkte präsentieren und verkaufen.
- **Auflistung:** Ein Produkt oder Artikel, der auf Etsy zum Verkauf angeboten wird. Zu jedem Eintrag gehören Details wie Titel, Beschreibung, Preis und Fotos.
- **DAS:** Abkürzung für Search Engine Optimization, der Prozess der Optimierung Ihres Shops und Ihrer Einträge, um deren Sichtbarkeit in den Suchergebnissen zu verbessern.
- **Stichworte:** Schlüsselwörter oder Phrasen, die die Merkmale, den Stil und die Attribute eines Eintrags beschreiben. Mithilfe von Tags können Käufer bei der Suche auf Etsy relevante Produkte finden.
- **Favoriten:** Wenn ein Käufer ein Angebot mit „Gefällt mir" markiert oder ein Lesezeichen setzt, wird es zu seinen Favoriten hinzugefügt. Es dient als Hinweis auf Interesse und kann Verkäufern dabei helfen, potenzielle Kundenpräferenzen einzuschätzen.
- **Wechselkurs:** Der Prozentsatz der Besucher Ihres Shops, die einen Kauf tätigen. Eine hohe Conversion-Rate zeigt an, dass Ihr Shop Besucher effektiv in Kunden verwandelt.
- **Rückmeldung:** Rezensionen und Bewertungen, die Käufer nach einem Kauf hinterlassen. Feedback bietet wertvolle Einblicke in Ihre Produkte und die Kundenzufriedenheit.
- **Versandprofile:** Vordefinierte Sätze von Versandoptionen und -kosten, die auf mehrere Angebote angewendet werden können. Versandprofile optimieren das Hinzufügen von Versandinformationen zu Ihren Angeboten.
- **Etsy-Hilfecenter:** Eine Online-Ressource, die eine umfassende Wissensdatenbank, FAQs und Leitfäden zu

verschiedenen Themen rund um den Verkauf auf Etsy bietet.

- **Etsy-Verkäuferhandbuch:** Eine Sammlung von Artikeln, Tipps und Best Practices für den Betrieb eines erfolgreichen Etsy-Shops. Es behandelt Themen wie Produktfotografie, Marketingstrategien und Shop-Management.
- **Etsy-Community-Foren:** Eine aktive Community von Etsy-Verkäufern, in der Sie mit anderen Verkäufern in Kontakt treten, Rat einholen, Erfahrungen austauschen und an Diskussionen teilnehmen können.
- **Etsy-Werbung:** Ein Programm, mit dem Sie Ihre Einträge einem breiteren Publikum zugänglich machen können, indem Sie bezahlte Anzeigen auf Etsy schalten. Das Programm bietet Tools, die Ihnen bei der Verwaltung und Optimierung Ihrer Werbekampagnen helfen.
- **Social-Media-Plattformen:** Nutzen Sie beliebte Social-Media-Plattformen wie Instagram, Facebook und Pinterest, um Ihre Produkte zu präsentieren, mit Kunden in Kontakt zu treten und den Verkehr zu Ihrem Etsy-Shop zu steigern.
- **Shop-Richtlinien:** Von Verkäufern festgelegte Richtlinien und Regeln für Versand, Rücksendungen und Kundenservice. Shop-Richtlinien sorgen für Transparenz und legen Erwartungen für Käufer fest.
- **Etsy-Zahlungen:** Ein von Etsy angebotenes sicheres Zahlungsabwicklungssystem, das es Käufern ermöglicht, Einkäufe mit verschiedenen Zahlungsmethoden zu tätigen. Es vereinfacht den Bestellvorgang sowohl für Verkäufer als auch für Käufer.
- **Shop-Analyse:** Etsys integriertes Analysetool, das Daten und Einblicke in die Leistung Ihres Shops liefert, einschließlich Aufrufe, Besuche und Verkäufe. Es hilft Ihnen, wichtige Kennzahlen zu verfolgen und zu

- analysieren, um fundierte Geschäftsentscheidungen zu treffen.
- **Gutscheincodes:** Aktionscodes, die Verkäufer erstellen und ihren Kunden für Rabatte auf Einkäufe anbieten können. Gutscheincodes können ein wirksames Marketinginstrument sein, um neue Kunden zu gewinnen und Anreize für Wiederholungskäufe zu schaffen.
- **Verkäufe und Werbeaktionen:** Sonderangebote und Rabatte, die Verkäufer in ihrem Etsy-Shop anbieten können, um Verkäufe zu generieren und die Kundenbindung zu erhöhen.
- **Kundendienst:** Die Unterstützung und Unterstützung, die Verkäufer Käufern vor, während und nach einem Kauf bieten. Ein guter Kundenservice ist für den Aufbau von Vertrauen und die Aufrechterhaltung positiver Kundenbeziehungen von entscheidender Bedeutung.
- **Feedback und Bewertungen:** Die von Käufern abgegebenen Bewertungen und Rezensionen basieren auf ihren Erfahrungen mit einem Verkäufer und den gekauften Produkten. Feedback und Bewertungen tragen dazu bei, Glaubwürdigkeit aufzubauen und die Kaufentscheidung zukünftiger Käufer zu beeinflussen.

www.ingramcontent.com/pod-product-compliance
Lightning Source LLC
Chambersburg PA
CBHW050108230526
45470CB00004B/1736